Inhalt

Wie man sich von seinem Friseur trennt

Die alte Geschichte. Fräulein trifft Friseur. Fräulein verliebt sich in Friseur. Fräulein entliebt sich und verliebt sich in einen anderen Friseur, der im selben Salon arbeitet. Fräulein ist zu einem Leben voll Sehnsucht und schlechter Frisuren verdammt. Ende.

Hier ist meine Geschichte. Ich hatte einen Friseur, nennen wir ihn Eric. Er war kompetent, aber fantasielos, sogar ein bisschen muffig, aber davor hatte ich die Friseurkriege ausgestanden, und deshalb war ich froh über einen, der mich nicht »herausfordern« und zu neuen Dingen ermutigen wollte wie pflegeintensive Schnitte und ultraangesagte Haarpflegeprodukte, die ich nicht benutzen konnte. (Will jemand Salzhaarspray?) Außerdem gefiel mir, dass er nur wenig sprach, denn ich bin der Überzeugung, dass ein Übermaß an Konversation dem Immunsystem schadet. Eric war mir angenehm.

Doch als Eric Urlaub hatte, wurde ich zu Sabrina (nicht ihr echter Name) geschickt. Ich sagte ihr, was ich wollte, und wusste dabei schon, dass sie sich um meine Wünsche nicht scheren und mir die Föhnfrisur der Woche verpassen würde, bei der die Haare von hinten über den Kopf gekämmt wurden. Ich tröstete mich mit der Aussicht, dass mein Haar zumindest sauber sein würde. Aber als sie den Föhn ausschaltete, war ich erstaunt und eines Besseren belehrt. Sie hatte genau das gemacht, worum ich sie gebeten hatte. Sabrina »erfasste« meine Wünsche, wie Eric es nie könnte.

Vor mir entfaltete sich eine glücklichere Zukunft.
Ich sah mich in Zeitlupe einen Hügel hinunterlaufen,
und hinter mir hüpfte mein wirklich
sehr gut geschnittenes Haar.

Ich wollte, dass Sabrina für alle Zukunft meine Friseurin war. Dann begriff ich: Ich konnte sie nicht haben. Ich war einem anderen fest versprochen. Jeder in der Hierarchie des Salons, angefangen von dem Angst einflößenden Mädchen am Empfang, wusste, dass ich Erics Kundin war.

Die Sache war aussichtslos. Für einen Bruch mit seinem Friseur gibt es keine Verhaltensregeln. Meine Ehe zu beenden, wäre um einiges leichter gewesen. Ich würde sagen: »Wir müssen mal reden«, dann: »Es liegt nicht an dir, es liegt an mir«. Oder: »Ich kann so einfach nicht mehr weitermachen« (bei Beziehungsbeendern zurzeit offenbar der bevorzugte Satz), und das wär's. Ich wäre frei!

Ein ähnliches Problem wie auf Friseure trifft auf gleichgeschlechtliche Freundschaften zu. Ich hatte eine Freundin, mit der ich mich oft traf, dann trafen wir uns nicht mehr so oft, und wenn ich sie dann doch mal traf, dachte ich: »War sie schon immer ... geizig?« Und: »Wenn sie bloß aufhören würde, mich ›zu wiegen‹ (also, auf nicht sehr diskrete Weise herauszufinden, wie viel ich seit unserem letzten Treffen zugenommen hatte). Offensichtlich hatten wir uns – genau! – auseinanderentwickelt. Trotzdem würden wir uns bis ans Ende aller Zeiten dreimal im Jahr treffen und genug Konversationsstoff finden müssen, um zwei endlos lange Stunden zu füllen, nur um anschließend mit hängenden Schultern heimwärts zu ziehen, weil uns die Aussicht niederdrückt, die »Freundin« in vier Monaten wieder treffen zu müssen.

Aber zurück zu Eric und Sabrina. Ich ließ mich auf einen Kurs der Heimlichkeiten ein, wie bei einer Affäre. »Geheime« Termine – Eric hatte donnerstags frei, und ich fing an, meine Termine auf den Donnerstag zu legen und

Enttäuschung vorzuspielen, wenn ich hörte, dass Eric nicht da sein würde, und dann schnell mit piepsiger Stimme vorzuschlagen, dass vielleicht Sabrina mich übernehmen könnte. Doch nicht immer passte mir der Donnerstag, also waren weitere fantasievollere Manöver vonnöten. Ich rief an und fragte, wann Eric für mich Zeit hätte, und murmelte dann: »Ach, leider kann ich um neun nicht. Auch nicht um zehn. Oder elf. Ist doch zu dumm.« Und wenn ich endlich herausbekommen hatte, wann Eric keine Zeit hatte, sagte ich: »Genau dann würde ich gern kommen.«

Es muss allerdings gesagt werden – auch wenn es Ihnen vermutlich schwerfallen würde, das zu glauben, wenn Sie so viele Haarkatastrophen wie ich überstanden hätten –, dass Friseure nicht dumm sind. Sie wachen mit scharfen Augen über ihr Territorium, jeder Friseursalon ist voller Schlangenlöcher und Täler der Zickigkeit, jeder Stylist betrachtet die Kollegen als tödliche Rivalen und lässt seine Kunden nicht aus den Augen. Eric bemerkte meine Abwesenheit, konnte mich aber natürlich nicht direkt konfrontieren und mir tränenreich vorwerfen, ich würde ihn hintergehen. Ihm blieb nichts anderes übrig, als mir verletzte, passivaggressive Blicke zuzuwerfen, wenn ich mich bei Sabrina auf den Stuhl setzte.

Dann! War plötzlich alles anders! Eric nahm eine Stelle in einem anderen Salon an. Er forderte mich auf, mit ihm zu wechseln, und während ich meine Ausreden vorbrachte, sah er mir im Spiegel in die Augen und sagte mit seidenweicher Stimme: »Es sei denn, Sie möchten bei Sabrina bleiben.« Nach diesem Todesstoß drehte er sich auf dem Absatz um und stelzte würdevoll davon, und obwohl ich jetzt frei war, Sabrina offen zu lieben, hatte die Sache einen schalen Beigeschmack.

Alles sehr schwierig. Zurzeit möchte ich mich von meinem Zahnarzt trennen. Die Zeitschriftenauswahl in seinem Wartezimmer ist mager, außerdem geizt er mit postoperativen Schmerzmitteln. (Der Zahnarzt meiner Freundin händigt Schmerzmittel aus, als wären sie Smarties.) Aber ich kann meinen Zahnarzt nicht für den Vicodin-Mann sitzen lassen, er hat alle meine Unterlagen; irgendwie muss ich ihm die erst noch aus dem Kreuz leiern.

Anscheinend kann man sich nur ordentlich von jemandem trennen, wenn man mit ihm geschlafen hat. Ist es da nicht einsehbar, dass ich mit meinem Zahnarzt schlafen will, damit ich endlich zu einem anderen gehen kann?

Was könnte ich sonst tun?

Marian Keyes

9

Wie ein Sprung vom Zehnmeterbrett oder Ich kann nicht Nein sagen

Nein ist ein schwieriges Wort. Nein ist schwerer gesagt als gedacht, deswegen höre ich oft von Freunden: »Katrin, du musst lernen, Nein zu sagen!«

»Ja, ja«, sage ich dann und scheitere beständig an einer ausgeglichenen Ja/Nein-Bilanz. Immer hängt das Nein satt im Minus.

Es fängt bei kleinen Gefallen an. »Kannst du mal eben das Päckchen an der Post vorbeibringen? Liegt doch eh bei dir auf'm Weg, oder?!«

Nein, will ich sagen, komme aber nur bis zum N..., denn man will ja nicht immer gleich so sein. Stell dich nicht so an, denke ich, mal eben zur Post; liegt zwar nicht auf'm Weg, aber was soll's?! Was bist du denn für eine Freundin?! Also sage ich nicht »N... ein«, sondern »N... atürlich« und stehe etwas später auf der Post in einer

Schlange, die so lang ist wie früher in der DDR, wenn's mal Apfelsinen gab, oder heute bei Apple, wenn das neue iPhone kommt. Es ist nämlich Vorweihnachtszeit, und jeder verschickt jetzt Pakete, und »... mal eben zur Post ...« killt meinen gesamten Vormittag, an dem ich vielleicht ein Mittel gegen Krebs gefunden hätte oder meinen Traummann oder wenigstens eigene Weihnachtsgeschenke (in der Reihenfolge der Wahrscheinlichkeit).

»Können Sie sich vorstellen, unsere Gala zu moderieren? Wir haben leider gar kein Budget, aber das Ganze ist für einen guten Zweck, und G. G. Anderson hat auch praktisch schon zugesagt.« Das Nein liegt mir schon auf der Zunge, aber am Ende sieht es dann so aus, als wär mir die artgerechte Haltung von Zuchtputen wurscht, als hätte ich kein Herz für bedrohte Tropenhölzer, geschlagene Kinder, gestrandete Wale, oder was auch immer der gute Zweck vom Benefizschlammcatchen in Bad Bumsheim an der Grütze ist, das übrigens auch verkehrstechnisch leider nicht ganz so günstig liegt, dafür aber die ganz reizende Pension Zum Goldenen Dödel hat, die seit zwei Generationen ein Familienbetrieb ist. »Es macht Ihnen doch nichts aus, wenn Sie da das Zimmer haben, wo das Bad auf dem Flur ist, oder? Ist ja für einen guten Zweck.« Jetzt sage ich Nein. Nämlich: »Nein, das macht mir nichts aus.« Es ist das völlig falsche Nein, und ich könnte meine eigene Zunge essen, wenn ich könnte.

»Könnten Sie uns kurz aus Ihrem Urlaub ein Handyvideo schicken?«

Der Job geht vor, immer.

Man will nicht so wirken, als hätte
man was Besseres vor, als zu arbeiten.
Einfach mal sitzen und lesen zum Beispiel.

Sowieso ist ja immer alles nur »kurz«: Kann ich Sie kurz mal stören? Darf ich Sie kurz was fragen? Können wir kurz telefonieren, sollen wir uns kurz treffen …? Hat mal jemand berechnet, wie lang kurz in der Summe ist? Aber ich habe eine Synapsenverdrehung im Sprachzentrum. Die macht auf dem Weg vom Großhirn zur Zunge aus »NEIN! Lecken Sie mich am Arsch mit Ihrer beschissenen kurzen Frage!« ein »Klar, kein Problem! Rufen Sie mich einfach kurz an!«.

Ich finde mich selbst schon ziemlich assi, weil ich kurz den Wunsch hatte, im Urlaub einfach nichts zu machen. Das ist natürlich aktive Karriereverweigerung.

Erholung ist nämlich was für Leute, die nichts erreichen wollen. Wer Zeit für sich braucht, macht sich lächerlich. Urlaub ... tsss. Nicht auszudenken, wenn das Leben seine Weichen gerade dann umstellen würde, während ich ein Nickerchen in der Hängematte mache. Fahrlässig. Dumm. Insofern: »Handyvideo, klar, bis wann brauchen Sie's?«

»Sammeln Sie Punkte?«

»Nein, Striche, geht das auch?«

Kurze Irritation auf der anderen Seite der Kasse, kurzer Triumph auf meiner Seite. Ich habe Nein gesagt.

Die andere Seite kontert: »Wollen Sie denn nicht an unserem Bonuspunkteprogramm teilnehmen?«

»Nein, will ich nicht!« Ein zweites Nein.

»Aber es kostet Sie nichts, und Sie bekommen schöne Prämien!«

Bekomme ich nicht, wissen wir beide. Es ist einfach nur eine blöde Abzocke, weil die Kosten für den scheiß bunten Strandball, den ich mit vierhunderttausend Punkten gewinne, schon in den regulären Preisen mit drin sind.

»Nein, ich möchte keine Prämien ...«

»Aber Sie können dann auch ...« Hinter mir werden die anderen Kunden langsam unruhig. Die machen alle mit beim Bonuspunkteprogramm. Ein viertes Nein kann ich mir nicht leisten. Ohne das vierte Nein sind die ersten drei nichts wert.

Jetzt hab ich jedenfalls ein Bonuspunkteprogramm.

»Wollen Sie mit uns über Gott sprechen?«

»Können Sie sich vorstellen, für unser Produkt Werbung zu machen?«

»Haben Sie Interesse, mal einen neuen Staubsauger auszuprobieren?«

»Wissen Sie eigentlich, wie viel Rente Sie später mal bekommen?«

»Möchten Sie unverbindlich diese Salbe gegen Scheidenpilz mitnehmen?«

Jedes Nein kostet mich Überwindung wie ein Sprung vom Zehnmeterbrett. Die anderen wissen das, spüren das, riechen das. Ich bin eine Ja-Sagerin.

»Kann ich deine Nummer haben?« Ende eines netten Abends, und der Typ, der das fragt, ist auch nett, aber nicht so nett, dass ich ihn gerne mit meiner Nummer abziehen lassen will. Eher mit einem »Tschüs, vielleicht sieht man sich mal ...«

Man stand an derselben Bar, man hielt ein Getränk, man hat ein wenig gesmalltalkt, es war nett, aber es besteht kein Anlass zur Wiederholung. Jetzt will er meine Nummer. Ich sollte sagen: »Nein, lass mal. Der Abend war prima, aber deshalb brauchst du meine Nummer ja nicht.« Nur – bin ich dann nicht die Turbozicke, die sich wahnsinnig anstellt? Wirke ich nicht rückblickend verlogen, wenn ich jetzt Nein sage? So, als hätte ich nur nett getan und auch den netten Abend nur vorgetäuscht?

Ich weiß, dass das Nein, das ich jetzt nicht über die Lippen bringe, wesentlich mehr Neins hinter sich herziehen wird. Ein Nein zu: »Ich wollte fragen, ob wir heute noch mal was trinken gehen?« und zu »Und was ist mit morgen?« und zu »Und übermorgen?«, die Folge-Neins zu »Sehen wir uns dann, wenn dein Urlaub / die Grippe / die Arktis-Expedition / deine Geschlechtsumwandlung vorbei ist?« (In der Reihenfolge meiner Ausreden.)

Kann ein netter Abend nicht einfach nur ein netter Abend sein? Und trotzdem sage ich nicht Nein, sondern »Klar!«, und er sagt »Ich melde mich!«, und ich sage nicht: »Nein, bloß nicht«, sondern: »Ja, gerne.«

Wird das irgendwann besser? Mit zunehmendem Alter? Meine Mutter sagt: Nein.

Katrin Bauerfeind

Schildkröten und Sektflaschen

Kennen Sie diese Leute, die sich nie richtig aufregen, nie richtig freuen, die immer freundlich und ausgeglichen sind, sozusagen wohltemperiert, ohne heftige Gemütsbewegungen?

Das sind die Schildkröten.

Die liegen ihr ganzes Leben lang in einer Ecke des Schildkrötengeheges, strecken hie und da den Kopf aus dem Panzer, blinzeln einmal kurz und ziehen den Kopf wieder zurück. Nichts kann sie aus der Ruhe bringen, kein plärrendes Kind, kein Börsencrash, keine Eifersuchtsszene, kein Unglücksfall. Die Ausschläge ihres Gefühlsbarometers sind minimal, sie verbrauchen so wenig emotionale Energie, dass sie uralt werden können, ohne einmal richtig geweint oder gelacht zu haben.

Und dann gibt es die Sektflaschen. Die müssen nur kurz geschüttelt werden, dann schäumen sie hoch, der Korken fliegt durch die Luft, der Sekt spritzt in alle Richtungen. Die geringste Erschütterung reicht, um eine

Sektflasche zum Explodieren zu bringen, besonders wenn sie sich vorher schon aufgewärmt hat.

Ich bin eine Sektflasche. Ich rege mich wahnsinnig schnell auf; über das Wetter, über pampige Mitmenschen, lahmarschige Autofahrer, ungerechte Politik, über eine weggeschnappte Parklücke und andere Nichtigkeiten.

Ich mache meinen Gefühlen Luft, obwohl ich weiß, dass es mir nur Scherereien bringt.

Ich beschwere mich, wenn ich mich schlecht behandelt fühle, ich streite mit Leuten, die sich scheiße benehmen, ich beantworte sogar die Kellner-Frage »Hat es Ihnen geschmeckt?« mit einer ehrlichen Antwort, obwohl das hierzulande als Unhöflichkeit betrachtet wird.

Das alles wird vermutlich nichts ändern; weder am Wetter noch an meinen Mitmenschen, an unfreundlichem Service oder schlechtem Essen, aber ich kann einfach nicht anders.

Wenn ich wütend werde, steigt der Druck in meinem Inneren immer weiter an und muss sich einfach entladen, sonst würde ich platzen. Oder krank werden. Ich tröste mich damit, dass mein explosives Naturell mir vielleicht ein Magengeschwür erspart, und hoffe, dass es meinen Mitmenschen keines verursacht.

Natürlich wäre es viel bequemer,
eine Schildkröte zu sein.

An meinem Panzer würde alles abprallen, meine Nebenniere würde sich die hohe Adrenalinproduktion sparen und ich mir jede Menge Aufregung, Diskussionen und Entschuldigungsbriefe.

Aber mein Leben wäre auch langweiliger, und ich hätte weniger Spaß. Ebenso heftig wie meine negativen sind nämlich auch meine positiven Gefühle; ich kann mich schlapplachen über mittelmäßige Witze, manchmal tanze ich vor Freude, und jede liebevolle Geste von anderen macht mich unverhältnismäßig glücklich. Im Kino lache ich an Stellen, wo keiner lacht, und ich bin bereits in Tränen der Rührung aufgelöst, wenn ein Kind beim Schulfest auf der Geige herumkratzt.

Diese Intensität ist auch ziemlich anstrengend, aber ich kann dagegen ebenso wenig machen wie gegen meine Wutausbrüche. Glücklicherweise lebe ich als Sektflasche unter Sektflaschen; meine ganze Familie neigt zu heftigen Gefühlsbekundungen, lediglich mein Mann verhält sich manchmal schildkrötenmäßig, aber damit meine ich eigentlich nur, dass er dann so etwas wie Weisheit durchschimmern lässt.

In einer Beziehung kann es nämlich ganz schön schwierig werden zwischen Schildkröten und Sektflaschen. Was Sektflaschen für Temperament halten, ist für Schildkröten Hysterie, was Schildkröten »Ausgeglichenheit« nennen, bezeichnen Sektflaschen als »Gefühlskälte«. Die unterschiedlichen Gefühlstemperaturen führen leicht zu Missverständnissen und Kränkungen, aber im besten Fall können die beiden voneinander lernen; ein bisschen Gelassenheit kann auch der besten Sektflasche nicht schaden, und etwas mehr Gefühl gefällt sogar manchen Schildkröten.

Gegenseitig umkrempeln werden sich die beiden aber nicht können; sie sollten es am besten auch gar nicht erst versuchen. Niemals wird eine Schildkröte sich dazu herablassen, im Kino zu weinen, ganz egal, wie traurig der Film ist. Und niemals wird eine Sektflasche darauf verzichten, im Kino zu weinen, sobald die Geigen ertönen!

Amelie Fried

Wenn Träume wahr werden

Gewisse Leute machen mich nervös. Dazu gehören Weltenbummler, frisch verliebte Damen in meinem Alter und Paare, die aufs Land ziehen. Es erfüllt mich mit Wehmut, Unruhe und bittersüßem Neid, wenn andere sich meine Sehnsüchte erfüllen. Wenn sie tun, wovon ich nur träume.

Meine Freundin Martha ist gerade zwei Monate durch Indien gereist. Eine Stunde lang erzählte sie von Abenteuern und Unvergesslichem. Als sie schließlich fragte: »Und, wie ist es dir in der Zwischenzeit ergangen?«, hörte ich mich kleinlaut sagen: »Ich bin immer noch auf der Suche nach einem Ecksofa.«

Meine Freundin Anne blüht gerade an der Seite eines neuen Mannes auf: »Er ist zu dick, tätowiert, unangenehm ehrlich und ein Sexgott. Die Leute zerreißen sich die Mäuler über uns – aber nach zwölf Jahren Eheroutine bin ich endlich wieder am Leben!« Anstandshalber fragt sie noch: »Und wie läuft's bei euch?« Ich antworte: »Wir waren neulich endlich mal wieder zusammen essen – bis nach Mitternacht! War echt super.«

Meine ehemalige Nachbarin Suse ist mit ihrer Familie aufs Dorf gezogen und hat eine Reitschule eröffnet. »Wenn meine Kinder morgens über die Pferdekoppel Richtung Schule gehen oder ich die Äpfel aus meinem Garten einkoche, weiß ich, was mir immer gefehlt hat. Und bei dir? Gibt's was Neues?« Ich berichte ohne rechte Emphase, dass im Haus nebenan das Dachgeschoss ausgebaut wird.

Mich zieht es nicht nach Indien, aber ich kann meinen Mann sehr gut leiden. Gut, gegen einen tätowierten Sexgott spricht nicht viel. Aber in wenigen Jahren wirst du auch mit ihm nach einem Ecksofa Ausschau halten, bei dem der Kuschelfaktor im Vordergrund steht. Die Lust aufs Landleben wäre für mich in dem Moment vorbei, in dem ich abends dieses unstillbare Verlangen nach Schokoriegeln hätte, die nächste Nacht-Tankstelle jedoch 23 Kilometer entfernt wäre. Wer will denn wirklich im Morgengrauen aufstehen, um Kühe zu melken? Der Moderator und Autor Dieter Moor wurde nebenberuflich Bauer. Und? Er lässt sich entschuldigen. Für ein kurzes Telefonat zum Thema »Entschleunigung: Die Ruhe auf dem Land« habe er erst in dreieinhalb Monaten Zeit.

Aus gelebten Träumen wird Alltag.
Unausweichlich, früher oder später.

Und ich frage mich: Was fehlt mir? Welche Sehnsüchte faulen unausgelebt in meiner Seele? Was sollte ich an meinem Leben ändern? Welche Träume muss ich mir erfüllen, von welchen muss ich weiterträumen?

Der Hamburger Trendforscher Professor Peter Wippermann beruhigt mich ein wenig. Er sagt: »Sehnsüchte und Träume sind wichtig, denn sie sorgen für Kompensation und Entspannung. Man muss sie gar nicht erfüllen. Die Medien leben von Sehnsüchten. Menschen lesen Autozeitschriften, Reiseführer oder Magazine übers Landleben, um auf diese Weise Kurzurlaub vom Alltag zu machen. Großstädter fahren Geländewagen und tragen Gummistiefel. Das ist nicht rational, aber es beschert ihnen das kleine Landhaus-Feeling für zu Hause. Die Exotik der Nähe ist zurzeit sehr angesagt.«

Der moderne Eskapismus führt uns in üppige Bauerngärten und auf urige Landhöfe. Bei »Bauer sucht Frau« kann man ergriffen zuschauen, wie sich zwei Träume gleichzeitig erfüllen: neuer Mann in naturnaher Umgebung. Mir fällt gerade auf, dass vieles von dem, was ich heute für ganz selbstverständlich halte, wahr gewordene Sehnsüchte und erfüllte Träume sind. Das nennt man undankbar.

Mir fehlt wenig.

Eigentlich nur ein Ecksofa.

Ildikó von Kürthy

Man trägt sich jetzt selbst

Ich fahre ungern Tram, denn erstens ruckelt es, und zweitens verzichten die Fahrgäste neben mir stets auf den Plastikdeckel für ihren Frappé-Kaffee-Kram. Für die Umwelt und damit sich das heiße Geschwapp leichter auf mein neues Hemd verschütten lässt.

Modisch verwahrlost zuckelt sich das Bähnchen durch das gähnende Berlin. Früh ist es, und Hochsommer. Um mich herum viele liebe Menschen, die schön aussehen könnten, sich aber dazu entschlossen haben, ihre Oberbekleidung lieber dazu zu nutzen, authentisch zu sein.

Neben mir steht ein Mädchen, auf dessen T-Shirt in pinken Lettern »I'm a bitch« steht. Das ist englisch und bedeutet: »Ich bin eigentlich überhaupt keine Bitch, sondern ein liebes Mädchen aus Kleinmachnow, aber Lena aus der 10b hat auch so ein Shirt, und bei ihr sieht das ganz schön selbstbewusst aus.«

Noch ratloser macht das Kleid ihrer Freundin. Darauf steht quer über die Brust »DUMP HIM«, also »Verlass ihn«. Das ist schlicht unhöflich. Die Frau kennt meinen lieben Mann doch gar nicht. Wieso soll ich den verlassen? Will sie ihn mir wegnehmen, weil er so schön singen kann? Ich kann doch nicht nach Hause gehen, dem lieben Mann einen Koffer voller Habseligkeiten packen und sagen: »So, raus hier, es ist Schluss, ein T-Shirt in der Tram hat darauf bestanden.« Da wird der doch traurig!

Das Ganze ist kein Jugendphänomen. Mir gegenüber sitzt eine Frau Ende 50 und blättert in einer dieser bunten Zeitschriften, die jede Woche versprechen, mit der Kohlsuppendiät würden diese lästigen Pfunde nun wirklich mal purzeln. Über ihrem Bauch prangt, diesmal in hellem Blau: »I like the simple things.«

Dabei sieht man ihr die Vorliebe für einfache Dinge doch an der Lektürewahl an. Das Ganze ist deshalb verstörend, weil ich es eigentlich gewohnt bin, dass Menschen, die mir Dinge erzählen, eine Reaktion darauf erwarten.

Leute, die mir eindringlich versichern, ich solle den lieben Mann verlassen, möchte man doch eigentlich fragen: »Aber warum nur? Er hat erst gestern mein Lieblingsgericht, Steak mit Bohnen, für mich gekocht und ist auch ansonsten ein liebevoller Brocken Mensch, den zu verlassen mir großen Schmerz bereiten würde.«

Das will das Mädchen aber gar nicht. Die Bitch will auch nicht, dass ich sie Bitch nenne. Die Frau, die die einfachen Dinge liebhat, möchte wahrscheinlich nicht in einer vollgestopften Tram die schönsten Wanderziele des Schwarzwalds diskutieren.

Sie möchten allesamt nur, dass ich mir Gedanken über sie mache, und das finde ich gemein, denn gerade in öffentlichen Verkehrsmitteln habe ich ein großes Interesse daran, meine Mitmenschen nicht näher kennenzulernen.

Diese textilgewordenen Instagram-Beiträge sind sehr selten interessant. Das ist das Arge am aktuellen Authentizitätshype: Alle sind penetrant sie selbst, aber leider ist »man selbst« nur in den seltensten Fällen irgendwie interessant für den Rest des blauen Planeten.

Ich kann das belegen: Nie finden sich Menschen interessanter, als wenn sie definitiv nicht sie selbst sind. Wie viele Menschen, die einander nicht kannten, werden sich zur Weiberfastnacht in Köln küssen? Und wie viele am Rosenmontag, verkleidet als Weltraumrakete? Ich weiß gar nicht, woher diese Authentizitätssehnsucht kommt.

Authentisch sollte man in den
eigenen vier Wänden sein.

Dort kann man dann authentisch im Serienkoma Kartoffelchips mit Essigaroma in sich schaufeln und sich authentische Gedanken darüber machen, ob das wahre Ich tatsächlich so schöngeistig und feinsinnig ist, dass man es der ganzen Welt zumuten sollte.

Früher argwöhnte man nur, dass der Großteil der Bevölkerung recht uninspiriert sei. Heute weiß man es, weil Leute es einem auf ihren T-Shirts verraten.

Habe ich gerade eine lamentierende Passage mit »früher« eingeleitet? Wie so ein onkeliger Tageszeitungskolumnist? Ja, habe ich, pfui, also schnell einen frischen, ermunternden Gegenvorschlag hinterherschieben:

Folgende T-Shirt-Aufschriften würden mich nicht zu onkeligen Textbeiträgen, sondern zu warmen Umarmungen inspirieren: »Ich finde, Mayonnaise ist eines der hassenswertesten Lebensmittel der Welt.« Sofort würde ich diesen Shirt-Träger in mein Herz schließen!

Oder: »Ich nehme mir seit zwei Wochen vor, mal wieder meine Großmutter anzurufen, und habe dann nachts ein schlechtes Gewissen, weil ich es schon wieder vergessen habe.« »Oh, so geht es mir auch, gräme dich nicht allzu sehr!«, würde ich da ausrufen, ein Kuss (ohne Zunge, ich bin doch nicht so ein onkeliger Tageszeitungskolumnist) wäre nicht ausgeschlossen.

Statt eines blaffenden »DUMP HIM« würde ich lieber Folgendes auf einem Kleid lesen: »Es geht mich wirklich überhaupt nichts an, was die Leser meines Shirts für Beziehungen führen, aber weil Malte mich vorgestern für diese Tabea mit dem Bitch-Shirt verlassen hat, würde ich am liebsten allen Männern von hinten Messer in den Rücken rammen. Ich mein das nicht persönlich.« Armes Mädchen!

Auch schön fände ich, wenn sich die T-Shirts endlich von ihren Trägern emanzipieren würden. Ein schöner Aufdruck wäre: »Beachtet mich gar nicht, ich bin nur ein T-Shirt, bisschen Polyester, bisschen Baumwolle, nicht der Rede wert.«

Ronja von Rönne
© 2017 S. Fischer Verlag

Statt Muskeln kleine Knubbel

Meine Freundin Nele ist vom Crosstrainer gestürzt. Das ist nicht unbedingt die Meldung der Woche, aber es ist schon eine kleine Notiz wert. Nele ist nämlich diejenige, die Anna und mich zum Sport überredet, wenn nicht sogar gezwungen hat. Und dann das.

Es ist nicht so, dass wir in Konkurrenz stehen, wirklich nicht. Aber ein bisschen hat es mich schon genervt, dass Nele wie aus dem Ei gepellt auf dem Laufband loslegt, als ob sie mindestens drei Marathonrennen im Jahr absolviere. Dabei ist sie keinen Deut sportlicher als wir, sie sieht nur so aus. Während ich mit feuchten Haaren und hochrotem Kopf Mühe habe, meinem Trainer aufrecht gehend zu folgen, sitzt Nele elegant im Schneidersitz auf einer Matte und hört ihrem Coach aufmerksam zu. Natürlich ohne einen Schweißtropfen im Gesicht. Anna flüstert mir zwischendurch zu, dass sie Nele gar nicht zugetraut hätte, nach ihrer jahrelangen Sportabstinenz so gut durchzuhalten. Annas T-Shirt ist wenigstens schon verschwitzt, was mich etwas beruhigt.

Ich weiß nicht, ob Sie das kennen, aber ich habe das Gefühl, dass sich nach jahrelanger Unsportlichkeit meine Muskeln in eine kurze quadratische Form verwandelt haben. Statt langer Muskelstränge habe ich überall nur noch kurze Knubbel, und mein Trainer in diesem hochmodernen Fitnesstempel, der so etwas wahrscheinlich noch nie gesehen hat, zeigt mir Übungen, die mit diesen kleinen Knubbeln gar nicht funktionieren können. Ich versuche sie trotzdem, schließlich will ich mich nicht blamieren. Vor lauter Anstrengung bekomme ich sofort einen knallroten Kopf, Verspannungen im Nacken und bestimmt unfassbaren Muskelkater. Noch während ich mich mit zusammengebissenen Zähnen bemühe, wandert mein Blick zu Nele, deren Frisur nach wie vor tadellos sitzt.

Auf einer Matte liegt Anna mittlerweile wie ein Käfer auf dem Rücken und stöhnt. Unsere Blicke treffen sich und gehen in Neles Richtung, die locker und sehr gekonnt auf dem Crosstrainer rennt. Ihr Zopf wippt im Takt. Anna robbt langsam auf mich zu und keucht, es sei nur eine Frage der Zeit, dass auch wir diese Leichtigkeit bekämen. Und es sei sowieso nicht so wichtig, wie wir beide dabei aussehen, weil doch nur Nele einen Mann sucht. Wir beide seien ja keine Singles, sondern nur unsportlich. Zumindest im Moment.

Wäre ich nicht so erschöpft, würde mich eine solche dämliche Äußerung aufregen, so winke ich nur schwach ab und muss zugeben, dass ich in diesem Augenblick meinen Liebsten fast aufgeben würde, nur um meine alte Kondition wiederzubekommen. Es ist auch nur ein kleiner Augenblick. Und der ist gleich vorbei, als ich durch ein lautes Geräusch hochgerissen werde. Genau in diesem Moment ist Nele vom Crosstrainer gestürzt.

Lässig rappelt sie sich sofort wieder hoch, ruft ihrem Coach zu, dass alles in Ordnung sei, und kommt dann langsam zu uns. Unauffällig reibt sie ihr Handgelenk und lässt sich neben Anna fallen.

»Ich bin total fertig. Ich habe ganz weiche Beine, ich konnte mich überhaupt nicht mehr auf dem Ding halten. Ich verstehe gar nicht, wie ihr das durchhaltet.«

Erstaunt mustern wir sie. Und tatsächlich, von Nahem sieht sie genauso kaputt aus wie wir. Sie ist gar nicht sportlicher. Es liegt an der Frisur und an den richtigen Sportklamotten. Ich habe es geahnt. Alles nur Fassade. Sehr zufrieden streiche ich mein feuchtes Haar aus dem Gesicht und gebe ihr einen leichten Klaps auf den Arm.

»Ach komm, in ein paar Wochen sind wir alle topfit. Das wird jetzt von Mal zu Mal leichter. Warte einfach mal ab. Jedenfalls war es eine sehr gute Idee, endlich wieder Sport zu machen.«

Ich habe übrigens kaum Muskelkater gehabt, meine kleinen Knubbel kommen langsam wieder in ihre alte Form, und ich bin zuversichtlich, dass Nele immer mehr Stand auf dem Crosstrainer bekommt.

Mit fast schon gestählten Muskeln grüßt
Dora Heldt
© 2014 dtv Verlag

Wrumm Wrumm Wrrrummm

Der folgende Text ist eine Reportage für den Berlin-Teil der *taz* über einen eintägigen Motorsägen-Lehrgang. Es gibt unterschiedliche Kurse von verschiedenen Anbietern, in einigen lernt man nur das Sägen selbst und die Sicherheitsvorkehrungen, in anderen auch das Bäumefällen und andere Baumarbeiten. Der hier beschriebene Kurs war ein Sägekurs der »Gemeinnützigen Servicegesellschaft zur Förderung des Landschafts-, Natur- und Umweltschutzes m. b. H. (GSG)«.

Mit Brennholz ist es wie mit Brot oder Wollsocken oder Sex. Man kann es entweder selber machen oder kaufen. Und auch beim Brennholz ist das Selbermachen oft viel billiger als das Kaufen. Das ist der Grund, warum ich morgens um halb neun durch einen Köpenicker Wald laufe. Es ist kalt, weiß und still. Nur dann und wann knackt irgendwo ein Ast.

Um halb sieben bin ich aufgestanden. Die Bushalte-
stelle heißt »Rübezahl«, die nächste wäre »Müggelseeperle«
gewesen. Es ist nicht so sehr mein Teil von Berlin. Ein
Specht klopft. Ich suche ein Häuschen, das sich »Lehrkabinett Teufelssee« nennt und in dem ich heute lernen
werde, wie man mit einer Motorsäge sägt.

Den Motorsägenschein, den ich am Abend dann hoffentlich haben werde, braucht man seit 2006, wenn man
sich sein Brennholz in einem Berliner Wald selbst besorgen will. Dazu spricht man sich mit dem zuständigen
Förster ab und bekommt ein Gebiet zugeteilt, in dem
man ausgewählte Bäume fällen und zerlegen kann. »Selbstwerber« heißt man dann in der Förstersprache. Bezahlt
wird pro Raummeter und Baumart. Nadelbäume sind
billig, Buche oder Eiche eher teuer.

Ich habe mich für den Kurs vor ein paar Wochen
angemeldet. Seitdem schwanke ich zwischen Vorfreude
und panischer Angst. Im Sekundentakt wechsle ich
von »Das wird so geil« zu »Ich werde mir die Hände ab-
sägen oder den Kopf oder beides«. Erzähle ich Freunden das Erste, sagen sie »Pass bloß auf!« und erinnern
mich an die schlimmsten Szenen aus Splatterfilmen.
Erzähle ich das Zweite, sagen sie: »Quatsch. Du be-
suchst doch den Kurs, um zu lernen, wie man es richtig macht.«

Dann sitze ich im Lehrkabinett. An den Wänden hängen Wildschweinfelle, ausgestopfte Tiere stehen herum und gucken mit Glasaugen. Kursleiter Jürgen Wedel beginnt den Lehrgang mit der Bemerkung, die Motorsäge sei »das gefährlichste Werkzeug Deutschlands«. Er sagt etwas von 20 bis 30 Toten im Jahr. In Deutschland, Europa, der Welt? Egal. Die hässlichen Details kommen später.

Wedel trägt Schnittschutzhosen und ein dunkelgrünes Sweatshirt. Graue Haare, grauer Bart. Er kommt aus Thüringen, redet aber sehr fränkisch. Man schätzt ihn auf Ende fünfzig. »Was man nicht sieht«, sagt Wedel, »ist, dass ich kurz vor meinem 59. Lebensjahr stehe. Das macht die Waldluft.« Ach, die gute Waldluft.

Der Andrang auf die Kurse sei sehr groß, sagt Wedel. Am Anfang dachte man, nach ein paar Mal werde die Sache vorbei sein. Doch dann kamen immer mehr Interessierte, inzwischen wurden über 200 Lehrgänge durchgeführt. Kein Wunder: Holz ist seit einigen Jahren als Heizmaterial wieder begehrt. So begehrt, dass einige Revierförstereien in Berlin und Brandenburg momentan keine Selbstwerber zulassen, weil es zu wenige Bäume gibt. Zu wenig »stehendes Holz«, in Förstersprache.

Auch heute ist fast jeder Zweite von den 17 Teilnehmern hier, weil er zu Hause mit Holz heizt. Einige sind gekommen, weil sie einen Garten haben, die anderen aus beruflichen Gründen: weil ihr Arbeitgeber sie schickt, damit sie den Schein machen, oder weil sie beruflich ab und zu mit der Motorsäge arbeiten müssen und sicherer werden wollen. Fünf der Anwesenden sind hier, weil sie in ihrer Firma Holzpaletten mit Motorsägen zerkleinern. Wedel fragt: »Keine Künstler anwesend oder Bildhauer?« Jemand lacht. Es gebe immer mehr Leute, die mit der Motorsäge Skulpturen schnitzen, erklärt Wedel. »Waldbesitzer?« Ein Mann meldet sich, er hat Wald geerbt. Wie viele Hektar, möchte Wedel wissen. Keine Ahnung, sagt der Mann.

Dann erklärt unser Kursleiter, was wir heute machen werden. Zuerst mehrere Stunden Sicherheitsbelehrung. Leises Seufzen im Raum. Dann Sägeübungen. Allgemeines Nicken. Ich bin mit Abstand die einzige Frau unter den Teilnehmenden und wäre auch mit Abstand die Jüngste, gäbe es da nicht Max, den Lehrling, auf dem im Laufe des Tages noch ein bisschen rumgehackt wird. Ansonsten sind alle sehr freundlich.

Jürgen Wedel spricht über die Berliner Forsten und 30 000 Hektar »Erholungswald«. Er erzählt von einer Försterin, die gerade nicht arbeite, wegen Schwangerschaft. »Ich war's nicht«, sagt jemand hinten. Allgemeines »Höhö« unter den Teilnehmern. Dann erklärt Wedel, dass man dringend eine Unfallversicherung abschließen sollte, bevor man Bäume fällt oder sägt, und was alles passieren kann, wenn man etwas falsch macht. Er redet von Blut und herausgerissenen Fleischstücken, von Wunden voller Holzsplitter und Öl, von klaffenden Hauptschlagadern und Kollegen, die verbluteten, bevor der Rettungswagen kam.

Ich habe mir im Kopf eine Liste gemacht, mit welchen Dingen ich mich in meinem Leben schon verletzt habe. Wasserkocher, Espressokocher, Gasherd, Kachelofen, Bügeleisen, Messer: ja. Stichsäge, Bohrmaschine, Schleifgerät, Auto: nein.

Dass eine Motorsäge einer Stichsäge
näher verwandt ist als einem Espressokocher,
beruhigt mich. Ein bisschen.

Wedel fragt, wer bisher ohne Waldarbeiter-Schutzkleidung gesägt habe. Fast alle Hände gehen hoch. »Seit 30 Jahren säg ick uff'm Bau, ick hatte nie Schutzkleidung«, sagt einer. »Glück gehabt, dass alles noch dran ist«, sagt Wedel. Der Mann nickt.

Rund 200 Euro kostet die vollständige Ausrüstung: Schnittschutzhose, Schnittschutzstiefel, Helm mit Visier und Ohrenschützern, Handschuhe. Um am Kurs teilzunehmen, muss man alles dabeihaben oder vor Ort ausleihen. Die Säge selbst kostet, wenn sie gut sein soll, mindestens 400 Euro, eher mehr. Plus Werkzeug und Ersatzteile. Für einen kleinen Kamin, den man dreimal im Jahr heizt, lohnt sich die Anschaffung nicht. Für ein Gutshaus mit 30 Zimmern, wie das von unserer Landkommune, sehr. Ein Raummeter Birke, getrocknet und gespalten, kostet im Handel mit Glück 50 Euro. Macht man alles selbst, kommt man auf etwa 15 Euro.

Nach der Sicherheitsbelehrung geht es los. »Mit der Motorsäge arbeiten«, ruft Wedel, »das ist richtige Männerarbeit! Das ist Action, das ist Risiko und das trimmt den Körper.« Den Spruch mit der »Männerarbeit« wird er noch zweimal machen. Der Raum ist ohnehin schon voller Testosteron. Meine Freundin Johanna sagt in solchen Momenten: »Nicht zu sehr einatmen, sonst wächst dir ein Penis.«

»Wer von Ihnen hat denn überhaupt noch nie mit einer Motorsäge zu tun gehabt?«, fragt Wedel in die Runde. Schweigen. Niemand meldet sich. »Zu tun gehabt« ist ein weiter Begriff. Ich habe noch nie eine benutzt, traue mich aber nicht, mich als Einzige zu melden. »Sehr gut«, sagt Wedel, »dann brauche ich nicht zu erklären, wie man die Säge einschaltet und wie man sie betankt.« In seinem fränkischen Dialekt klingt »betanken« wie »bedanken«. Ich werde unruhig. Bei meiner ausgeliehenen Säge werde ich mich in der Tat bedanken, wenn sie im richtigen Moment anspringt.

Wir gehen raus. Inzwischen schneit es wieder. Dicke, langsame Flocken, die sich auf dem Sichtschutz sammeln. Als Erstes wird ein Stechschnitt geübt. Wir sollen in einen sehr dicken, liegenden Stamm hineinsägen. »Alle mal die Säge starten!«, ruft Wedel.

Um mich herum fängt es an zu rattern. Fast alle starten ihre Sägen. Benzingeruch, wie in einer Autowerkstatt. Ich stehe da und fühle mich sehr, sehr dumm. Dass man an diesem Starterdings ziehen muss, weiß ich. Und Gas geben, irgendwie. Ich fummle an meinen Ohrenschützern herum. Wenn man so wenig hört, fühlt es sich dumpf an im Kopf.

Es ist wie früher beim Schwimmunterricht, wenn man mehrere Wochen geschwänzt hat und plötzlich rückenkraulen soll.

Meine Vorbereitung auf heute
bestand darin, den Wikipedia-Artikel
über Kettensägen zu lesen.

Ich habe gelernt, dass der vordere Teil der Säge »Schwert« heißt, und versucht, mir Begriffe wie »Kettenfangbolzen« und »Gashebelsperre« zu merken – was in diesem Augenblick so ziemlich genau gar nichts bringt. Immerhin stehen um mich ein paar andere herum, die offensichtlich auch keine Ahnung haben.

Ich frage den Kursleiter, ob er mir noch mal zeigen könne, was genau ich machen muss. »Klar«, sagt er. Hier festhalten, da einschalten, hier ziehen. Wrumm – die Säge läuft. »Noch mal alleine«, sagt er, ich schalte aus und mache es noch mal alleine. Geht. Toll. Und ich entdecke ein neues Gefühl: das Bedürfnis, beim Gasgeben »wrumm, wrumm, wrummm« zu machen statt nur einmal lange »wrummmm«. Weil es geiler ist. Im selben Moment denke ich, ein Motorradführerschein könnte auch etwas für mich sein. Ich säge hinein in den dicken Stamm. Es macht Spaß. Späne fliegen in den Schnee, es riecht nach frischem Holz. Mein erster Schnitt ist gerade und ein bisschen fransig. Und vor allem ist er schön. Ich will noch einen machen. Und noch einen.

Dann bekommen alle in Kleingruppen mehrere liegende Bäume zugeteilt. Wir sollen Stücke sägen, die einen Meter lang sind. Alles, was kürzer ist, werde spätestens über Nacht geklaut, erklärt Wedel. »Das kriegt Füße, so schnell können Sie gar nicht gucken.«

Ein anderer Teilnehmer und ich gehen zu einer Stelle, wo markierte Birken liegen, die wir zersägen dürfen. Er ist einer von denen, die ab und zu auf Arbeit sägen müssen. Er bekommt die rechte Hälfte, ich die linke. Und los. Die Birke geht durch wie Butter. Die Säge zieht sich ins Holz rein, ich muss fast nichts machen. Gas geben, ansetzen, das Schwert durch den Stamm ziehen. Zur nächsten Stelle gehen, das Gleiche noch mal. Das Sägen kostet kaum Kraftaufwand. Schwer ist nur die Säge selbst, sie wiegt sechs Kilo. Die Schutzausrüstung, die ich trage, macht zusammen noch mal fünf Kilo. Ich mache weiter, und alles ist geil. Benzingeruch mischt sich mit Holzgeruch, dazu das Öl, das die Kette schmiert. Stechend und süß, waldig, seifig. Sehr, sehr gut. Die anderen haben sich im Wald verteilt. Sie sind so weit weg, dass wir sie nicht mehr sehen können. Aber hören können wir sie: Der Wald, der heute früh so leise und idyllisch war, brummt aus allen Richtungen. überall rattert und dröhnt es, Männer rufen einander Dinge zu. Die Tiere, die jetzt noch Winterschlaf machen, müssen uns hassen.

Als auch der letzte Stamm zersägt ist und der Schnee voller heller Sägespäne und Gott sei Dank nicht voller Blutspritzer, gehen wir zurück zum Lehrkabinett. Jürgen Wedel verteilt die Urkunden und wünscht jedem Einzelnen ein sicheres Arbeiten.

Einer, der seinen Schein schon hat, lässt sich auf einen Stuhl fallen. »Uff«, sagt er, »das war Arbeit. Nur der Helm hat genervt.« – »Bloß nicht die Schutzausrüstung weglassen!«, mahnt Wedel. »Na jetzt ham wa dit Zeuch ja«, beschwichtigt ein anderer, »dann könn' wa's och tragen. War teuer jenuch.«

Eine erfreuliche Mail zu diesem Text kam von Forstinspektor Carsten Storbeck, dem damaligen Leiter des Lehrkabinetts Teufelssee, wo der Kurs stattgefunden hatte: »Liebe Redaktion, liebe Margarete Stokowski! (...) Ich lache immer noch! Amüsant, ehrlich, gut recherchiert. Schade, dass ich nicht dabei war! Ich selbst habe in einer vergangenen Tätigkeit auch diese Kurse angeboten und weiß über die Innenatmosphäre dieser Veranstaltungen. Allerdings distanziere ich mich von der Aussage des Kursleiters, das sei ›echte Männerarbeit‹. In unserem Betrieb, den Berliner Forsten, sind einige Forstwirtinnen und auch Forstwirtschaftsmeisterinnen mit der Kettensäge und anderem, noch schwererem Gerät unterwegs. Ohne Abstriche professionell. Die Hälfte der Ausbildungsplätze zum/zur Forstwirt*in geht an Frauen.« Schön! Ich muss sagen, ich kenne inzwischen auch ähnlich viele Frauen, die mit Motorsägen sägen, wie Männer.

Margarete Stokowski

Ist es eigentlich noch cool, in die Provence zu reisen?

Es ist zweifelsfrei sehr wichtig, ein cooles Leben zu führen, wenn man schon kein gutes hinbekommt. Selbstverständlich ist es auch wichtig, sein Reiseziel solchen Fragen unterzuordnen, denn man weiß nie, ob nach dem Ableben nicht über unsere Lebensentwürfe zu Gericht gesessen wird. Reisen ist eigentlich generell uncool. Der moderne Mensch bleibt umweltschonend zu Hause und entwickelt in seiner Urlaubszeit Projekte. Er tut es auf dem Balkon. Er grillt. Er trägt dabei Fußballshirts. Der etwas uncoolere Mensch macht Rafting-Touren oder paddelt mit einer Popgruppe durch die Mecklenburger Seenplatte. Der Rest verreist. In die Toskana, wenn er über sechzig ist. Die anderen fahren in die Provence. Um Himmels willen, die Provence! Bei Nacht eine wunderbar unwirkliche Sache. Man rollt durch Orte, die wie Wohnstuben kleiner Zwergmausfamilien wirken. Das Licht fällt gelb auf blaue Fensterläden, auf gelbe Steine, auf Lavendelbüschel in Fenstern und homosexuelle Katzen. Bei Nacht in der Provence denkt man: O Licht der Provence, du duftgetränkter Knochen der Welt! Aber dann wird es hell, du meine Güte!

Aus den putzigen Häusern purzeln Menschen in weißem Leinen. Sie tragen alle Körbchen, ja wirklich, alle haben diese Körbchen am Arm und so ein genießerisches Lächeln. Damit springen sie über Märkte in Ste-Remise de Provence und Baux, oder wie das da alles heißt, und riechen an Kräutern. Sie tragen die Kräuter in ihre bescheidenen Landhäuser, die von Designern mit Holz und Leinen eingerichtet wurden. Und immer dieses Licht, dieses Licht, murmeln sie. Und stehen an Herden, natürlich Gas, aber hallo – wie kann man denn sonst kochen –, und dann streuen sie die Kräuter über ein wildes Tier. Wie das duftet! Schnell, jetzt dekantieren wir noch einen Roten. Scharen weiß gekleideter Menschen fahren zum Winzer: dekantieren, schnüffeln am Roten, am Weißen, o dieses Bukett, verdrehen die Augen.

Was für ein Theater, um besoffen zu werden! O Provence, du Ballenberg Frankreichs. Diese Sucht, einfaches Leben nachzuspielen, in Batist. Diese Bauernhäuser, die Millionen kosten, und wie zufällig hängt ein Leintuch über dem Stuhl, nicht anfassen, die Ursprünglichkeit nicht verderben. O Bauern, die gibt es nicht mehr. Alle verjagt. Ein paar Showfarmer hat es noch, wie den Pierre, der bringt das Olivenöl. Das hat er aus Spanien, in großen Fässern, aber scheiß doch der Hund drauf. Das Landleben, ohhh, das Landleben. Die Provence, ein Paradies für Leute, die Natur lieben, wenn sie mit ihrem offenen Jeep durch die Kante brettern, und die bei einem typischen Franzosen einkehren, um an Holztischen zu sitzen und sich übers Ohr hauen zu lassen. Schwelgerisches Kauen, noch ein Roter. Alle dauerbesoffen. Die Läden führen Töpfer-, Duft- und Leinenzeug. Schreikrampf! Strohhüte. Karnickelfangschuss. Ja, um die Sache abzukürzen, fahren Sie in die Provence. Es ist wunderhübsch dort, besuchen Sie Pierre, kommen Sie gut wieder heim. Im nächsten Jahr geht es in die Toskana. Oh, die Toskana ...

Sibylle Berg
© 2013 Carl Hanser Verlag

Frau Uhlig muss packen

Ich kann wirklich schlecht packen. Ich habe ein veritables Packtrauma. Es lähmt mich. Tage davor befinde ich mich im Ausnahmezustand. So auch diesmal. Ich prüfte die Wetterlage. Aber Wetter hin oder her, ich wusste, dass ich sowieso alles einpacken würde. Ich kann mich einfach nicht entscheiden. Und wer hat überhaupt schon mal erlebt, dass die Vorhersagen stimmen, eben. Plötzlich bekam ich auch das Gefühl, dass die Klamotten, die ich seit drei Jahren in meinem Schrank nicht angeschaut hatte, nun mitmussten, ohne sie würde der Urlaub nicht funktionieren. Schlagartig wurde mir klar, warum ich sie drei Jahre im Schrank nicht angerührt hatte: damit ich sie nicht abnutzte! Ich spürte die ganze Zeit schon, dass wir irgendwann diesen Urlaub machen würden. Ich kaufe nichts ohne Grund, es hat alles immer einen Grund, das wird mir in dem Moment klar. (Vielleicht bin ich doch ein Medium? Ich wurde ja schon des Öfteren auf meinen sechsten Sinn angesprochen.) Also musste ich alle meine Kleider durchprobieren, alle. So ist das immer. Und wie immer stellte ich fest, dass die Hälfte nicht mehr passte. Meine geistigen Kräfte müssen wohl noch besser geschult werden, zumindest hinsichtlich der Prognostik meiner Körperfülle. Ich bekam eine Krise und musste mich erst einmal vom Packen für zwei Tage verabschieden, da es mir nun psychisch nicht gut ging. Auch wenn ich mit meinem Gewicht nun im Einklang bin, muss ich zugeben: Ich möchte doch, dass die Sachen passen und ich schön aussehe.

Die Abreise rückte näher, ich geriet in Stress und schaffte es nicht mehr, einen neuen Badeanzug zu besorgen. Spätestens bei der Kosmetikfrage war ich völlig hilflos. Privat schminkte ich mich eigentlich nie, hatte aber ganz viele Schminksachen zu Hause, weil ich ja wusste, wie's geht ..., die Tiegel so hübsch aussehen und ich sehr viel Zeit in Duty-free-Shops verbrachte, während ich auf Abflüge wartete. Es könnte doch passieren, dass ich mich täglich schminken will. So richtig. Und deshalb musste ganz viel mit. Lippenstifte in fünf verschiedenen Farben waren nur die Spitze des Eisberges! Zu dem Zeitpunkt wusste ich auch noch immer nicht, welche Klamotten ich dann tragen werde, es war ja noch nicht gepackt. Erst brauchte ich alle Variationen von Lippenfarben, bevor ich imstande war, Klamotten rauszusuchen.

Um nicht noch einmal den halben Kleiderschrank durchzuprobieren, hatte ich ein ausgefeiltes System entwickelt. Erst hänge ich die Klamotten im Wohnzimmer auf den Eisenträger, der das Dach hält und wie eine Kleiderstange aussieht – perfekt. Das Problem bei dem System war nur: Ein Viertel meiner Kleidung hing nun im Wohnzimmer und hing da erst einmal, bis ich mich für den Rest entschieden habe. Der erste Durchlauf war geschafft. Leider hing da zu viel, also viel zu viel. Mindestens ein Drittel unseres Wohnzimmers war vollgestellt (Willkommen bei Frau Uhlig!). Dann brauchte ich Pause.

Ich bin besser geworden
mit den Jahren.
Auch ruhiger.
Gefährlich ruhig.

Die Ruhe vor dem Sturm. Egal, wann wir am nächsten Tag abreisten, die Nacht davor wurde zur Zerreißprobe für die ganze Familie. Um zweiundzwanzig Uhr lobte mich Herr Karl noch, dass ich dieses Mal ganz ohne große Blessuren gepackt hatte. Da fuhr ich ihm das erste Mal über den Mund, dass ich erst bei der Kosmetik war. Um dreiundzwanzig Uhr kündigte er schon mal vorsichtig an, dass er gleich ins Bett gehen würde. Ich schmiss das erste Mal die Nerven weg, das Kosmetikproblem war nach wie vor ungelöst – wie schon am Vorabend und den Abend davor.

»Uhlig, ich habe keine Lust mehr auf diesen Quatsch!«

»Du bist mir keine Hilfe, Karl!«

»Dir kann man nicht helfen, Uhlig!«

»Weil du's nicht versuchst!«

»Wenn ich es versuche, passt es dir nicht.«

»Diesmal fahren wir nicht nach Thailand, Karl!«

Thailand, die Erinnerung daran ist ein Albtraum, was meine Garderobe betraf. Ich konnte ja nicht wie damals mit drei Schlüppis, zwei T-Shirts, einer langen und einer kurzen Hose nach Mallorca reisen. Wahnsinn, wenn ich an den Rucksackurlaub in Thailand denke. Der Kleine war knapp aus den Windeln und der Große noch keine fünf. Man würde ja meinen, Rucksacktouristen wären unkomplizierte Freigeister, die mal eben etwas in den Rucksack stopften und losgingen. Für mich bedeutet diese Art zu reisen doppelten Stress. Der Rücken hatte sich verändert, also musste ein neuer Rucksack her. Das Packvolumen ist beim Rucksack äußerst begrenzt und eingeschränkt. In unserem Fall besonders, denn ich ließ mich nicht davon abhalten, einen Rettungsrucksack zu packen mit zwei Kinderpanikrettungswesten, die meine Kinder vor dem Ertrinken bewahren würden, zwei Moskitonetzen für Expeditionen im Urwald, einer Reiseapotheke sowie deren Kühltasche, damit die Medikamente, falls es keine Aircondition gab, nicht kippten und dahinschmelzen konnten.

Ja, ich wurde belächelt. Aber spätestens auf dem Weg zur Insel, und Insel impliziert eine Bootsfahrt, behielt ich recht. Wir saßen eingequetscht in einer Nussschale, angetrieben von zwei 450-Yamaha-Außenbordmotoren, bei wirklich hohem Seegang. Das war ein Erlebnis. Der Thai bretterte dahin, und jeder von uns hatte ein Kind fest im Griff umschlungen. Auf Geheiß eines Passagiers, das Tempo zu drosseln, wurde in radebrechendem Englisch erklärt: »Dann wir untergehen.« Ich musste meine Fantasie wirklich zügeln. Dass Kinder, die nicht schwimmen können, wie Steine im Wasser ... und so weiter und so weiter. Pfui, Gedanken weg. Fuku schallallaawawa. Panikrettungswesten, nie wieder ohne! Ich würde sie zu Fuß um die ganze Welt tragen, wenn am Schluss für meine Kinder und mich eine kleine Bootsfahrt anstehen würde.

Also war der eine Rucksack schon voll, der Panikrucksack. Für den anderen hatte ich Wochen zugebracht, die Sachen zurechtzulegen. Die Dinge, die man einpackte und mitschleppen musste, wurden dreimal überdacht. Klartext: Ich räumte ein Zimmer frei, um darin schon

Wochen vorher die möglichen Dinge, die ich mitnehmen wollte, offen auszubreiten, damit ich sie jederzeit anschauen und überdenken konnte. Ich war nicht allein. Freundinnen wurden eingeladen und um Rat befragt und halfen mit bestem Wissen und Gewissen, die Sachen für die Reise rauszulegen. Zwei Tage vor der Abreise saß ich völlig verzweifelt vor meinem Kleiderberg für Thailand. Da kam Herr Karl endlich vom Dreh nach Hause und erfasste die Lage mit einem Blick.

»Seid ihr völlig verrückt geworden?« Er stand vor meinem Kleiderhaufen und fischte einen gelb-orangen Spitzen-BH hervor.

»Uhlig, was ist das alles?«

»Den brauche ich für das ausgeschnittene Tanktop mit dem Löwenkopf. Weißt du, Karl, dieses in Orange.«

»Und das hier, Uhlig? Darin hab ich dich noch nie gesehen!«

Er hielt eine durchsichtige, bunt bedruckte Tunika mit Fransen hoch.

»Das brauche ich, wenn ich aus dem Wasser komme, über dem Bikini.«

»Du hast doch gar keinen Bikini, Uhlig.«

»Eben, Karl. Eben.«

Er sah mich scharf an, aber diese Logik machte ihn kurz sprachlos. Dann zog er eine weiße Leinenhose hervor.

»Und die hier?«

»Falls wir abends mal ausgehen, Karl.«

»Gleichzeitig, Uhlig?«

»Natürlich, Karl. Wir, mit unseren zwei Kindern.«

»Ah, verstehe! Und dazu kombinierst du wahrscheinlich das hier.«

Er zog ein Etwas in Seide hervor, irgendetwas zwischen Tunika, Bluse und T-Shirt.

»Vermutlich. Es gäbe aber dazu auch noch eine andere Idee, Karl.«

»Uuhliig?!«

»Was denn, Karl?«

»Das hast du jetzt die ganzen Wochen gemacht?«

»Das hab ich, Karl. Ich war sehr bemüht, das Richtige herauszulegen und diesmal gut und frühzeitig zu packen. Und ich muss sagen, jetzt bin ich für alle Eventualitäten gewappnet. Fast. Denn mir fehlt noch ...«

Hilfe suchend schaute ich zu meinen Freundinnen. Aber das Phänomen ist, wenn Herr Karl auftaucht, ändert sich die Lage komplett.

Kein Wort geben sie mehr von sich, halten die Blicke gesenkt und nicken ihm zu. Vermutlich, weil Herr Karl aus der KuK-Zeit zu stammen scheint und ihn eine königlich-kaiserliche Aura umgibt. Anders ist es überhaupt nicht zu erklären, warum in der Sekunde, in der er den Raum betritt, sich die Meinungen von Menschen ändern und ihm beigepflichtet wird. Meine Freundinnen fanden doch bis jetzt alles wunderbar und wohldurchdacht. Dass sie möglicherweise schon längst aufgegeben hatten, mir die Sachen auszureden, weil ich dann wieder einen Nervenzusammenbruch erleiden könnte, darüber will ich jetzt nicht nachdenken.

»Uhlig, du reist nicht mit zwei Oversize-Koffern alleine! Wir haben einen Rucksack zu viert, da du den zweiten zum Panik- und Erste-Hilfe-Rucksack erklärt hast. Die Kinder können keinen weiteren tragen, die sind zwei und vier!«

»Aber es müsste sich alles ausgehen! Wirklich, Karl!«

»Uhlig, ich bin nicht gewillt, diese völlig absurden und unpraktischen Klamotten durch Thailand zu schleppen. Du willst doch nicht allen Ernstes eine weiße Leinenhose durch Thailand tragen?«

»Ich will sie nicht durch Thailand tragen, ich will sie in Thailand tragen! Das ist meine Lieblingshose, Karl.«

»Seit wann?« Schweigen.

»So, Uhlig, ich diskutier da auch jetzt gar nicht mehr. Ich sag dir jetzt, was du mitnimmst, und damit Schluss.« Und somit war ich mit der minimalistischsten Reiseausstattung ever aufgebrochen. Sonst nehme ich schon für eine Übernachtung mehr mit.

Aber nun flogen wir nach Malle mit Koffern und nicht nach Thailand mit Rucksäcken. Fünf Koffer und drei Taschen wollten vor der Abreise verstaut werden. Herr Karl bekam die Krise, was ich gar nicht verstand, denn wir haben doch einen Multivan.

Elena Uhlig

Ich bin heiß – in Wellen

*F*rau muss manche Dinge einfach konsequent positiv sehen.

Stellen Sie sich vor, es ist Winter, die Heizung fällt aus und alle frieren. Nur eine nicht, ich!

Stellen Sie sich vor, Außerirdische würden die Erde besetzen und nähmen alle Frauen gefangen, die monatlich bluten. Wen würden sie nicht inhaftieren? Mich!

Stellen Sie sich vor, es wären keine saugenden Baumwollstoffe erfunden worden, wer würde dann nachts in einem Schwimmbad als Bett aufwachen? Ich!

Na also. Alles nur eine Frage der Perspektive! Na ja. Vielleicht. Wenn ich ganz ehrlich bin: Eigentlich ist es ziemlich besch..., zwar endlich keine Menstruationsschmerzen mehr zu haben, dafür aber Schweißdrüsen mit der gefühlten Größe einer industriellen Bewässerungsanlage für Großgärtnereien. Dabei sind Bewässerungsanlagen bewusst zu steuern, und jemand kann entscheiden, wann das Nass versprüht wird und wann nicht. Mein Körper hingegen schert sich herzlich wenig um passende oder unpassende Umstände und schickt seine Wasserfälle, wann immer es ihm gerade passt – beim Sex, beim Chef-Gespräch für einen höheren Posten oder gar beim Flirt mit dem neuen Nachbarn.

Der neue Nachbar guckte mich schon bei der ersten Begegnung sehr interessiert an. Beim Plaudern bleibt ihm sogar einmal der Mund offen stehen. Wow! Dass ich in meinem Alter noch so einen Eindruck hinterlassen kann! Stolz wie Bolle nehme ich die Einladung zum Abendessen an. Um keine Missverständnisse aufkommen zu lassen: Natürlich würde ich meinen Mann nie betrügen, und der neue Nachbar ist vermutlich ein Profi-Casanova. Aber das Gefühl, endlich wieder wie eine Zwanzigjährige ein Rendezvous zu haben, darf ich mir nicht entgehen lassen!

Friseur, Kosmetikerin, Nagelstudio, ein neuer Rock und neue Schuhe – kommt ja schließlich auch meinem Mann zugute, wenn ich mich wieder etwas mehr pflege! Er bemerkt sogar, wie gut ich aussehe, als ich mich zum Date verabschiede. Ich säusle etwas von »Ist ja mehr geschäftlich, der Nachbar ist ja in der gleichen Branche, du verstehst schon, Kontakte sind immer gut«. Aber die Worte passen nicht so ganz zu meinem neuen Aussehen, sagen mir die Blicke meines Mannes, der aber vor den Kindern wohl nichts sagen will.

»Hey, voll cool, Mom!«, sagt stattdessen mein Sohn.

»Hast du einen Lover?«

Empört schüttle ich den Kopf. Kinder! Halleluja! Höchste Zeit, dass einmal jemand etwas erfindet, damit sie nicht immer genau das mitkriegen, was sie nicht mitkriegen sollen.

Ich radle ins Restaurant, genieße den Fahrtwind des milden Sommerabends und denke noch: »Ach, wie gut, dass man Wechseljahre nicht sehen kann.« Kein Mann kann wissen, ob man als Frau nicht doch noch potenziell nachwuchsfähig ist. Und meine Drüsen haben mich seit der ersten Begegnung mit dem Nachbarn ohnehin nicht mehr überfallen. Sollte ein Flirt vielleicht sogar die Hormone beeinflussen und einen weiteren Wechsel hinauszögern? Das wäre ja was! Dann wäre ich es meinem Mann ja regelrecht schuldig, zu flirten, um auch für ihn noch länger attraktiv zu sein!

Ein nobler Inder. Bester Wein. Interessante Gespräche. Augen, die mich unverhohlen anstrahlen. Ich lächle selbstbewusst zurück. Ich bin ja schließlich keine Göre mehr, die verschämt zu viel oder zu wenig sagt.

In meinem Alter verstehe ich mich auf die Kunst,
genug Geheimnis zu bewahren und zugleich
so offen zu sein, dass frau erst
richtig interessant wirkt.

Mein Gegenüber ist beeindruckt von meinen Ausführungen zur Politik, meinen Ansichten zu Verwandten und der Schärfe, mit der ich das indische Essen einnehmen kann, ohne mit der Wimper zu zucken. Ich bin beeindruckt von seinem Charme, seinen Ausführungen zur Politik und seinen Weinkenntnissen. Eine zufällige Berührung mit dem Arm. Wie angenehm. »Um Gottes willen«, denke ich plötzlich. »Was machst du da?!« Ich liebe doch meinen Mann und meine Kinder. Was gefährde ich da gerade?

Nichts! Ich gefährde nichts. Denn während ich mich zu einem weiteren Drink einladen lasse, kommt die Welle. Urplötzlich. Eine Riesenwelle. Ein Tsunami im Vergleich zu den bisherigen Schweißausbrüchen. Es überflutet mich. Innerhalb von zwei Minuten bin ich klatschnass. T-Shirt, Rock, Socken – alles ist klatschnass, und der Schweiß tropft von der Stirn in den Drink. Ich verabschiede mich schnell zur Toilette und hoffe, der Anfall geht schnell vorbei. Tut er nicht. Ich stehe vor dem Toilettenspiegel, erneuere die zerlaufene Schminke und erneuere schon wieder, nach der nächsten Welle. Und dann kann ich nicht länger wegbleiben, das wäre sonst noch peinlicher. Ich muss zurück. Als lebende Wasserbombe. Es nützt nichts. Verdammt! So straft mich also der liebe Gott für mein Flirten.

Der Nachbar lächelt mich bewundernd an, als ich zurückkomme. »Oh!«, ruft er. »Ich machte mir schon etwas Sorgen! Eine Kollegin fiel einmal in Ohnmacht wegen der Schärfe. Aber Sie stecken das ja unheimlich gut weg!« Nimmt der vielleicht Drogen? Seine nächste Bemerkung auf meinen fragenden Blick klärt mich auf: »Wussten Sie denn nicht, dass diese Schärfe im Essen zu solchen Schweißausbrüchen führt?«

Ich lächle zurück. Nein, wusste ich noch gar nicht. Aber was er alles weiß! Damit hätte ich nicht gerechnet, deshalb würde ich jetzt auch lieber gehen …

Ich lehne die Einladung in die Nachbar-Dusche ab, kuschle mich zu meinem Mann ins Bett und entgegne auf seine Frage, wie der Abend war: »Oh, langweilig, Schatz.«

Monika Bittl

Meine erste Lesebrille

Können Sie sich noch daran erinnern, wie Sie verschämt in der Apotheke das erste Pillenrezept eingelöst haben oder im Drogeriemarkt das erste Kondom kauften? Möglichst beiläufig, unter anderen Sachen, schmuggelte ich damals die Kondompackung zwischen Glasreiniger, Küchenrollen und Watte. Ich brauchte damals weder einen Glasreiniger noch Küchenrollen, noch Watte, denn ich wohnte noch bei meinen Eltern, und meine Mutter hätte sich gewundert, wenn ich plötzlich mit dem Zeug nach Hause gekommen wäre. Was ich damals mit dem Beikauf gemacht habe, weiß ich nicht mehr, ich vermute mal, ich habe ihn einfach in die nächste Mülltonne gesteckt, obwohl ich als Jugendliche natürlich kaum Geld hatte und es damit sozusagen zum Fenster hinausgeworfen hatte. Aber die Beiläufigkeit, die Tarnung, war mir wichtig.

35 Jahre später stehe ich wieder in einem Drogeriemarkt. Ich brauche wirklich einen Glasreiniger, Klopapier, Shampoo und Nagellackentferner. Weshalb ich aber eigentlich

in dem Laden bin: Draußen steht ein Plakat »Sonderangebot Lesebrillen«. Für nur zwei Euro gibt es verschiedene Stärken zu kaufen. Für nur zwei Euro kann man die Lesebrille sogar so klein zusammenklappen und ins Mäppchen stecken, dass sie in der Handtasche gar nicht auffällt. Für nur zwei Euro könnte ich es mir künftig sparen, irgendwelche Passanten nach dem Weg in einer fremden Stadt zu fragen – denn neulich suchte ich eine Straße und konnte in der Dämmerung die Straßennamen auf dem Stadtplan nicht mehr erkennen.

Für nur zwei Euro könnte ich mir künftig vielleicht viel Geld sparen – denn die klein gedruckten Preise auf den Schokoladenpackungen kann ich kaum mehr lesen und strafe sie seither mit Verachtung.

Für nur zwei Euro ließe ich mir vielleicht nicht mehr eine Spende aufschwatzen, deren Kleingedrucktes ich nicht lesen kann. Für nur zwei Euro könnte ich im Restaurant bald wieder die Speise bestellen, die mir zusagt, und würde nicht mehr den Kellner fragen, was er empfehle, nur um nicht zugeben zu müssen, dass die Karte entschieden zu klein geschrieben ist. Für nur zwei Euro könnte ich diesen neuen Analphabetismus hinter mir lassen.

Doch was sind schon zwei Euro gegen meine innerste, tiefste, abgründigste Verachtung für so ein Gestell auf der Nase? Wie schaut das denn aus, so eine Lesebrille, in meinem wunderbaren Gesicht? Wie eine alte Frau sehe ich dann aus. Das ist die nackte Wahrheit. Ich bin aber keine alte Frau. Und ich brauche doch auch nur ganz selten und ausnahmsweise mal eine Lesebrille. Ich komme doch ganz gut zurecht. Aber für zwei Euro könnte ich doch das Ding mal kaufen und für den Notfall in der Handtasche haben, überlege ich im Drogeriemarkt und greife zu der kleinsten Dioptrie 0,5. Das könnte man ja auch als natürliche Weitsichtigkeit durchgehen lassen, ich könnte zu Leuten sagen, die mich nicht kennen: »Das habe ich schon von Geburt an!« Oder meinem Mann könnte ich vormachen: »Das hängt mit der Bindehautentzündung vor zehn Jahren zusammen, kannst du dich erinnern?« Da mein Mann sich todsicher an nichts mehr erinnern kann, was so lange zurückliegt (außer vielleicht an die Fußballergebnisse von vor zehn Jahren), würde er brummend nicken und sich vielleicht ein wenig schämen, schon wieder etwas von mir vergessen zu haben.

Glasreiniger, Klopapier und Shampoo liegen bereits im Korb. Ich hadere immer noch mit mir. Wenn ich schon – nur ganz selten – so eine blöde Sehhilfe brauche, sollte ich mir dann nicht wenigstens beim Optiker ein richtig stylishes Teil besorgen? Sollte ich nicht gleich einen Haufen Geld ausgeben, um wenigstens noch das einigermaßen Beste aus meinem alternden Schicksal zu machen? Aber nein, das käme der endgültigen Kapitulation meines Körpers und Geistes vor dem Alter gleich. Denn eins ist sonnenklar: Sehbrille = uralt. Das ist eine logische mathematische Gleichung. An der gibt es nichts zu deuten und zu rütteln.

»Kann ich Ihnen helfen?«, fragt mich plötzlich ein freundlicher junger Verkäufer im Drogeriemarkt. »Ich sehe Sie hier schon länger unentschlossen stehen!«, fügt er hinzu. Wie kommt dieser Kerl dazu, mich zu beobachten? Was zum Teufel gehen den meine innersten Zweifel und Gedanken an? Hat der Jungspund überhaupt eine Ahnung davon, was es heißt, sich für oder gegen eine Lesebrille zu entscheiden?

»Ach, vielen Dank! «, bemerke ich freundlich zurück. »Ich suche ein Geschenk, aber ich weiß nicht, ob das das Richtige ist!«

»Da hinten haben wir noch Parfum-Angebote!«, entgegnet der Verkäufer. Seit wann gibt es eigentlich aufmerksame und freundliche Drogeriemarktangestellte?

»Für wen soll es denn sein? Für eine ältere Dame?«
»Wie kommen Sie denn darauf?«, frage ich entgeistert: Meint der, ich gehe zu einem Kaffeekränzchen?

»Na, weil Sie bei den Lesebrillen zuerst geschaut haben!«

»Ach so, ja, tatsächlich für eine ältere Freundin«, behaupte ich.

»Da haben wir was, das ist der Renner unter den Senioren!«, sagt der freundliche junge Mann und deutet auf eine Geschenkpackung mit Parfum, Deo und Seife. »Die Alten lieben das!«

Es ist genau die Marke, die ich immer verwende. Senioren? Alte? Ich laufe vor Scham und Wut rot an.

Die Lesebrille werde ich mir eines Tages – wenn ich sie wirklich einmal brauche – beim Optiker besorgen!

Monika Bittl

Ausfahrt mit Piero

Die wahren Abenteuer sind nicht im Kopf. Sie sind da draußen.

Dieses *da draußen* hat mich immer schon gereizt. Jede Reise ist für mich wie ein Regenbogen, an dessen Ende ein Topf voller Gold warten könnte. Oder *mein* persönlicher George Clooney. Oder doch wenigstens ein Designerkleid im Schnäppchenausverkauf.

Schon als Kind habe ich statt irgendwelcher Backfischbücher lieber Jules Verne gelesen – *Reise zum Mittelpunkt der Erde* oder *Reise um die Erde in 80 Tagen.* Mir war klar, dass ich irgendwann einmal das Reisen zu meinem Beruf machen würde. Glasklar war mir das. Marco Polo ist schließlich auch nicht fürs Zuhausebleiben berühmt geworden.

Aber im Leben kommt es ja immer anders, als man denkt. Das Übliche eben: Kopulation, Kurzschlussheirat, Kinder, Kleinstadtmief.

Mein Name tut nichts zur Sache. Ich bin weiblich, ledig – eigentlich geschieden, aber *ledig* klingt abenteuerlustiger –, postklimakteriell, und ich arbeite in der Müllentsorgung.

Mein Job ist nicht nur olfaktorisch bedenklich, aber einer muss ihn ja tun. Und nachdem die Kinder aus dem Haus waren und mein Mann fand, dass er mich durch eine halb so alte Ausgabe meiner selbst ersetzen sollte, was mich nach zwanzig Jahren Haushalt auf den Arbeitsmarkt spülte, konnte ich beim Wiedereinstieg ins Berufsleben nicht allzu wählerisch sein, also wurde es die Abfallbeseitigung.

Immerhin die mobile Abfallbeseitigung.

»Schau dir das an. Ist das nicht …? Ist das nicht einfach …?« Fieberhaft suche ich nach dem passenden Adjektiv, während ich in einem nicht ganz unriskanten Manöver die vor mir fahrende Seniorenschaukel überhole, in der andere einen schnittigen Ferrari Testarossa sehen mögen, ich aber erkenne das graue Haupt des Fahrers. Und die Kleine neben ihm ist mit Sicherheit nicht seine Enkelin. Mein Fuß bleit noch mehr aufs Gaspedal.

All das auf einer kurvigen Gebirgsstraße. Links der Berg, rechts der Abgrund. Piero gibt jedoch keinen Kommentar zu meiner Fahrweise ab. Nada. Nichts. Niente.

Das schätze ich so an ihm. Cool. Gelassen. Ganz Gentleman.

Also, mit welchem Adjektiv lässt sich diese Schweizer Hochgebirgslandschaft beschreiben?

Ergreifend? Bewegend? Mitreißend? Unsagbar schön?

»... toll?«, sage ich schließlich und zeige auf die grandiose Alpenkulisse vor uns.

Die Schweiz. Einer meiner Sehnsuchtsorte. Schon beim Grenzübertritt hat mir das Herz bis zum Hals gepocht. Obwohl mich die Grenzer einfach durchwinkten.

Piero teilt meine Begeisterung schweigend. Gut so. Ich mag keine Schwätzer. Wenn ich es mir recht überlege, mag ich überhaupt keine Männer. Mehr. Das hat mir mein Ex gründlich ausgetrieben. Vielleicht ist es nur eine Phase, aber derzeit bin ich im Grunde am liebsten allein. Nur nicht auf Reisen. Schönheit gewinnt, wenn man sie teilen kann.

Der Testarossa-Fahrer hupt wie verrückt. Möglich, dass ich mit meinem Cabrio doch etwas sehr knapp vor ihm eingeschert bin. Ich hebe die bis zum Ellbogen behandschuhte Linke und winke lässig.

Soll er sich doch bei meinem Ex beschweren. Wie ich bin, was ich bin, habe ich Christian zu verdanken. Rückblickend betrachtet ein mieses Wiesel, das mein

Urvertrauen in die holde Männlichkeit nachhaltig aus-radiert hat.

Aber das Leben geht ja weiter. Man kommt über alles hinweg. Auch über miese Wiesel. Und im Augenblick habe ich ja Piero.

Piero. Gut fünfzehn Jahre jünger als ich. Schätze ich mal. Gefragt habe ich nicht. Ein Bild von einem Mann. Mit widerspenstigen, dunklen Locken, sexy Dreitagebart und einem unwiderstehlichen Lächeln. Südländer. Mucho Macho, aber in genau der richtigen Dosis für ein Vollweib.

Wir düsen weiter, immer im Schatten der majestätischen Gletscher der Welschschweiz, die wir zügig hinter uns lassen. Bei meinem Tempo kann ich den Blick nicht wirklich lange vom Asphalt abwenden, bin ja nicht suizidal, aber innerlich visualisiere ich Bergziegen, Almhütten, Kühe mit Glocken. Heidiland. Das volle Programm.

Plötzlich ein Hinweisschild.

»Ich fasse es nicht. Ein *McDonald's.* Hier?«

Piero scheint über meine Naivität zu schmunzeln. Okay, ich bin eben noch nie zuvor in der Schweiz gewesen. Wir sind mit den Kindern früher jedes Jahr nach Holland ans Meer gefahren. Ich habe folglich mit urigen Rösti-Stuben gerechnet und finde mich stattdessen unversehens in der globalisierten Welt des 21. Jahrhunderts wieder. Aber ich bin ja anpassungsfähig. Ich kann damit leben.

Fünfhundert Meter weiter erhebt sich am Straßenrand ein Betonklotz mit den typischen Insignien der Kette.

»Ist es dir recht, wenn ich kurz halte und mir einen Snack besorge?«

Ich parke direkt vor dem Eingang, obwohl ein Schild verkündet, dass das Parken dort verboten ist. Gesetze und Regeln betrachte ich grundsätzlich nur als optionale Vorschläge, niemals als bindende Vorschriften.

»Du willst ja sicher nichts, oder?« Ich schenke Piero ein Lächeln.

Nein, er will nichts. Das mag ich an Männern. Wenn sie pflegeleicht sind.

»Bin gleich wieder da.« Ich nehme meine Clutch, lege noch den Deckel auf die Hutschachtel und steige aus. An diesem Tag trage ich mein rotes Reisekleid. Knitterfrei, knielang, eng. Viel ist nicht los vor dem *McDonald's*, nur ein paar Versprengte. Alle schauen mir nach. Die Männer auf den Po, die Frauen aufs Gesamtbild. Letzteres ist umwerfend, wenn ich das selbst sagen darf. War ja, weiß Gott, auch teuer genug. Aber nicht zuletzt dank Piero kann ich mir das jetzt leisten.

Das *McDonald's* befindet sich auf einem kleinen Plateau. Wir sind wohl schon in der Deutschschweiz, aber in der Ferne sieht man noch die schneebedeckten Berge. Ich gehe quer durch den Verkaufsraum zur Aussichtsplattform.

Ein Rundblick zum Niederknien.

> *Wir müssen die Welt durchreisen,*
> *um das Schöne zu finden, aber wir*
> *müssen es in uns tragen,*
> *sonst finden wir es nicht.*

Hat Ralph Waldo Emerson gesagt. Ich liebe Zitate und Aphorismen und kluge Sprüche. Wenn ich kein solcher Menschenfeind wäre, hätte ich das laut ausgesprochen, denn neben mir stehen wild knipsend zwei Touristen aus Indien, die sichtlich ebenso begeistert sind wie ich. Aber ich werfe meine Spruchweisheiten keinen Indern vor die Füße. Auch sonst niemandem.

Ich atme ein paarmal tief die frische Bergluft ein, dann gehe ich hinein. Es sind gerade Schweizer Wochen. Es gibt Cheeseburger mit Raclettekäse und McFlurry Toblerone. Ich greife beherzt zu. Lässt sich ja alles wieder absaugen.

Beim Gehen kaufe ich draußen am Kiosk auch noch Drops (*Wer hat's erfunden?*) und das Schweizer Äquivalent der *BILD*-Zeitung.

»Macht 15 Franken 50.«

Ich würde ja den Devisenkurs umrechnen, wenn ich nicht so schlecht in Mathe wäre. Aber dann würde ich mich nur ärgern.

Außerdem bin ich in diesem Moment damit beschäftigt, zu einem Abbild meiner Großmutter zu werden. Die hat, blind wie ein Maulwurf ohne ihre Lesebrille, die sie unweigerlich zu Hause neben dem Kreuzworträtsel vergaß, ihr Münzgeld auch immer dem Kassierer vor die Nase gekippt mit den Worten: »Suchen Sie sich das Passende raus.« Ich kann diese Schweizer Münzen einfach nicht unterscheiden, halte die großen für mehr wert als die kleinen, was aber irgendwie nie stimmt oder doch oder eben keine Ahnung.

So wühlt der eidgenössische Kioskbetreiber, der so breit wie groß ist, in meinem Kleingeldhaufen, aber er beschwert sich nicht, weil er sich – vornübergebeugt, wie er ist – nur Millimeter von meinem Dekolleté entfernt befindet, und das ist zum Reinbeißen, wenn ich das selbst sagen darf. Bodenseeklinik. Keine billigen Ost-Implantate.

»Soll ich dir die Schlagzeilen vorlesen?«, frage ich Piero, als ich wieder im Cabrio sitze, aber er hat kein Interesse.

Burger kauend gehe ich das Revolverblatt durch. Piero bewundert derweil die Aussicht. Oder meinen Körper. Oder schläft mit offenen Augen.

In der Zeitung steht nur der übliche depressive Mist: Krieg, Klimakatastrophe, Kaskaden des Bösen. Kann man lesen. Muss man aber nicht. Mich interessiert ohnehin immer nur mein Horoskop.

An diesem Tag lautet es für Löwinnen: *Sie sind auf dem richtigen Weg. Genießen Sie die kleinen Dinge.*

Na bitte, wie für mich gemacht.

Ich werfe den Rest des Burgers in hohem Bogen auf den Parkplatz und fahre los.

Mir gefallen diese ziellosen Ausflüge. Bei denen es nicht wichtig ist, wann man ankommt. Ob man überhaupt ankommt. Weil man unterwegs merkt, dass man vielleicht doch wo ganz anders hinwill. Dieses Sich-treiben-Lassen im Strom des Lebens. Das Abenteuer der Reise. Auch mal Irrwege riskieren. Oder wie es Helene Cixiöus formuliert hat: Ich finde Orientierung da, wo ich mich verirrt habe.

Nie weiß man, was einen erwartet. Wirklich nie. Das Exotische. Das Außergewöhnliche. Das prickelnd Gefährliche, das einem einen Kick gibt. Hinter jeder Ecke kann es auf dich warten.

In der Schweiz ist natürlich das Risiko gering, auf Menschenfresser zu stoßen. Oder eine bis dato noch unbekannte Felsformation oder Tierart oder fleischfressende Pflanze zu treffen. Aber mir geht es ja auch nicht um die großen Dinge. Nur auf die kleinen Dinge kommt es an. Die muss man genießen. Da bin ich ganz deckungsgleich mit meinem Horoskop.

Ich muss lächeln.

Piero lächelt ebenfalls. Er ist ein Dauerlächler. Zu süß.

Die Sonne lacht auch. Ein herrlicher Tag für eine Ausfahrt. Es geht über Viadukte, durch idyllische Dörfer und Felstunnel, an Weiden vorbei und unter Felsüberhängen hindurch. Eine Zeit lang verläuft die Trasse einer Bergbahn parallel zur Straße. Und immer wieder fällt es neben ihr steil ab, in einen gähnenden Schlund, der den unachtsamen Fahrer mitsamt Fahrzeug in die Tiefe saugen will. Aber ich bin eine exzellente Fahrerin. Deswegen fahre ich auch immer selbst und lasse mich nie fahren. Schon gar nicht von Männern.

Es gibt zwei Sachen, von denen ein Mann
nie zugeben wird, dass er sie nicht gut kann:
Sex und Autofahren.

Hat Stirling Moss gesagt. Der muss es wissen.

Es ist nicht viel Verkehr an diesem Wochentag außerhalb der Feriensaison und abseits der großen Straßen. Wir sind so gut wie allein unterwegs. Je abgeschiedener es wird, desto menschenleerer wird es. Uns begegnen zwei Postbusse und ein Traktor. Gott sei Dank nicht an den Stellen, an denen die Straße so schmal ist, dass zwei Fahrzeuge nicht aneinander vorbeifahren können.

Mir fällt allerdings der Kombi in undefinierbarer Tarnfarbe mit Schmutzschicht auf, der uns seit geraumer Weile zu folgen scheint.

Auch hier oben, im abgelegensten Winkel der Schweiz, wohnen Menschen. Vielleicht ist der Fahrer einer von ihnen. Auf dem Heimweg vom Migros-Großeinkauf, den Kofferraum randvoll mit Sprüngli-Schoggi, Maroni, Veltiner, Fondue-Spießen und Alphörnern – was man hier für den täglichen Bedarf eben so ersteht.

Doch ich glaube das nicht. Ich bin misstrauisch. Und das aus gutem Grund.

»Bist du angeschnallt?«, frage ich Piero, obwohl ich natürlich weiß, dass er gut gesichert ist. Meinem Süßen darf nichts passieren.

Er lächelt nur.

Ich trete aufs Gas.

Wie gesagt bin ich in der mobilen Abfallbeseitigung tätig. Ich bin nicht auf einem geruhsamen Urlaubsausflug in Helvetien, ich bin beruflich unterwegs.

Wenn ich Abfall sage, meine ich das im weitesten Sinne. Ich rede hier von besonderem Müll: Biomüll. Also, ich kann's ja gleich offen sagen: Ich entsorge Leichen.

Meine Auftraggeber sind russische Oligarchen, asiatische Triaden-Shogune, italienische Paten und freiberufliche Auftragskiller. Ich agiere international und vorurteilslos. Der Job liegt mir – ich habe immer schon gern für Ordnung gesorgt. Ich bin Schwäbin, da hat man Kehrwochen aller Art im Blut.

Und meine Leichen sind ja keine unbescholtenen Familienväter, sondern durch die Bank üble Gestalten – konkurrierende Drogenhändler oder Waffenschieber oder korrupte Politiker, hie und da auch mal im Privatauftrag ein Kinderschänder oder Frauenschläger. Die Welt ist ohne diese Typen besser dran. Wiewohl Piero – keine Ahnung, ob er so hieß, als er noch lebte, ich nenne ihn nur so, weil Piero ein so schöner Name ist und so gut zu diesem sexy Schädel passt, wiewohl also Piero unmöglich ein Schurke gewesen sein konnte, da bin ich mir sicher.

Langer Rede kurzer Sinn: Ich töte nicht, ich sorge nur für die korrekte finale Endlagerung. Wenn Sie mich fragen: Frauen können das besser als Männer. Keine meiner Leichen wurde je gefunden, und das soll sich auch in Zukunft nicht ändern.

Spontanität und Vielfalt sind mein Geheimnis. Ich fahre einfach los und schaue, was mich unterwegs inspiriert. Meine Klappschaufel habe ich grundsätzlich dabei, denn in einem frisch ausgehobenen Grab lässt sich nachts um zwei problemlos noch ein Zusatztoter unterheben. Auch die Kettensäge ist immer mit dabei, wegen der besseren Kleinteilentsorgung. Die Details tun nichts zur Sache, jedenfalls bin ich flexibel.

Meine Konkurrenz hat dagegen zumeist feste, wie in Stein gemeißelte Methoden – Sergio deponiert seine Toten grundsätzlich in Müllverbrennungsanlagen, Jean-Claude ist für seine Entsorgung in Güllegruben berüchtigt, aber hören Sie auf meine Worte: Wenn man von denen jemals auch nur eine Leiche findet, kommt die Lawine ins Rollen, eine Leiche führt zur nächsten, und meine Konkurrenten fliegen schnurstracks auf.

Bei mir wird dagegen jeder Tote individuell entsorgt. Das garantiert mir größtmögliche Sicherheit vor Enttarnung.

Mein Erfolg stößt leider nicht überall auf Gegenliebe.

Der Kombi folgt mir im immer gleichen Abstand, obwohl die Tachonadel sich jetzt im dreistelligen Bereich bewegt. Was, wie ich anmerken möchte, aufgrund der Straßenführung – eine kurvenreiche Gefällstrecke – eine hervorzuhebende Leistung ist.

Aber der Kombi lässt sich nicht abschütteln. Der Fahrer versteht etwas von seinem Handwerk. Handelt es sich um ein Zivilfahrzeug der Exekutive? Interpol? Schweizer Polizei?

Mit quietschenden Reifen fahre ich in die nächste Kurve. Hinter mir quietscht es.

Der Fahrtwind spielt mit meinen Haaren. Extensions.

Dennoch ein herrliches Gefühl.

»Geronimo!«, brülle ich, so laut ich kann. Ich spüre das Adrenalin. In Momenten wie diesen kribbelt mein ganzer Körper vor Lust, am Leben zu sein. Ist das Glück?

Plötzlich steht vor uns auf der Straße eine Kuh.

So eine schwarz-weiße, die angeblich besonders robust bei gleichzeitig guter Milchleistung ist.

Ich trete auf die Bremse.

Das Hinterteil meines Wagens bekommt dieses Manöver nicht so schnell mit. Während vorn alle Räder stillstehen, versucht das Heck, die Vorderräder zu überholen. Wir drehen uns im Kreis wie ein Derwisch.

Mein Wagen schlittert an der Kuh vorbei, die entweder in Schreckstarre verfallen ist oder sich meditativ mit ihrem Schicksal abgefunden hat.

Das Cabrio kommt zum Stehen.

Der Kuh ist nichts passiert.

Ich schlucke und hole mehrmals tief Luft. Wie gut, dass wir hier auf einer Weide und nicht an einem der klaffenden Abgründe von gerade eben noch sind.

»Bei dir alles okay?«, frage ich Piero.

Doch da kommt auch schon der Kombi, nur Millimeter vor dem wiederkäuenden Kuhmaul, zum Stehen. Es riecht nach verbranntem Gummi.

Ich ziehe meine Walther PPK aus meinem Louis-Vuitton-Shopper, befehle Piero »Rühr dich nicht!« und rolle mich aus dem Wagen.

Eine solche Konfrontation habe ich immer gefürchtet. Aber natürlich war sie unausweichlich. Und ich bin vorbereitet. Ich bin eine gute Schützin. Wenn es sein muss, schieße ich einem Erpel den Bürzel weg. Auch wenn ich noch nie im Leben jemanden getötet habe –

selbst Spinnen trage ich auf einem Blatt Papier aus dem Badezimmer und trete sie nicht platt, so werde ich mein Leben doch keinesfalls hinter Gittern beenden. Ich sehe Butch Cassidy and the Sundance Kid vor mir, die im Kugelhagel tanzend untergehen. Mein Motto: Furios abtreten!

Die Gestalt im Kombi rührt sich nicht.

Ich kann nur erkennen, dass es sich um einen männlichen Fahrer handelt.

Es ist auf gar keinen Fall ein unbescholtener Schweizer. Der wäre schon längst aus dem Wagen gesprungen und hätte nachgeschaut, ob er helfen kann.

Es ist aber auch kein Bulle. Ich kenne deren Prozedere. Der hätte mittlerweile einen Notruf abgesetzt und Verstärkung angefordert.

Die Welt scheint stillzustehen.

Also, die Welt schon, die Kuh nicht. Sie deponiert noch einen dampfenden Fladen, dann schreitet sie gemächlich ins satte Grün der Wiese.

Die Beifahrertür des Kombis geht auf, und jemand lässt sich herausrollen. Wir haben also dieselbe Technik drauf.

Jäh streife ich meine hochhackigen Pumps von den Füßen und ziehe den Saum meines Kleides so weit nach oben, bis ich ihn in den Gürtel schieben kann. Das Kleid ist sonst zu eng. Für das, was ich vorhabe, brauche ich Beinfreiheit. Auch wenn man jetzt meine *Unaussprechlichen* sehen kann. Was mich nicht kratzt, sie sind von La Perla und halten jedem noch so kritischen Blick stand.

Ich bin schnell. Sehr schnell. Der Kombi-Fahrer hat sich noch nicht ganz in Positur gekauert, da husche ich auch schon an kratzigem Buschwerk vorbei auf ihn zu, baue mich hinter seinem in Tweed gewandeten Rücken auf und belle:

»Keine Bewegung!« Er erstarrt.

»Waffe fallen lassen!«, befehle ich. Seine Glock plumpst ins Gras.

»Hände hoch!«, ordne ich an. »Schön langsam!«

Er gehorcht.

Wenn im Entsorgungsgeschäft mal alle Stricke reißen, kann ich immer noch als Domina arbeiten.

»Und jetzt umdrehen. In Zeitlupe, wenn ich bitten darf.« Erstaunlich, wie ruhig ich bleibe.

Was vielleicht daran liegt, dass ich ihn in dem Moment erkenne, als ich sein Profil sehe. Die Nase, unverkennbar.

»Jean-Claude!«, rutscht es aus mir heraus. Ich kann es nicht glauben. Mein Güllegrubenkonkurrent!

Er spürt mein Zögern, springt auf mich zu und will mir einen linken Haken versetzen, aber Jean-Claude ist ein Schrank von einem Kerl, und seine gigantische Linke ist zwar massig, aber für jemanden, der so fix ist wie ich, zu langsam.

»Was soll denn das?«, rufe ich und ducke mich weg.

»Hier ist kein Platz für uns beide!«, brüllt er, und ich bin mir sicher, dass er nicht nur diese einsame Bergstraße, sondern die ganze Schweiz meint, wenn nicht gar ganz Europa oder den Globus als solchen.

Das wurmt mich dann doch. Ich habe nie irgendwem eine Leiche abspenstig gemacht. Meine Kollegialität steht völlig außer Frage. Und es gibt doch weiß Gott genug tote Schurken für uns alle, oder?

Ich versetze Jean-Claude mit dem Griff meiner Walther eine knallharte Kopfnuss und treffe ihn voll auf die Nase. Er schreit auf. Um auf Nummer sicher zu gehen, trete ich ihm noch schwungvoll in die Weichteile. Jean-Claude sackt jaulend in sich zusammen. Frauen älteren Semesters werden ja grundsätzlich unterschätzt. Das hat er nun davon!

Jean-Claude bleibt in Embryonalstellung wimmernd liegen, und ich kann in aller Seelenruhe zum Cabrio gehen, das Pfefferspray aus dem Shopper fischen, »Bin gleich fertig« zu Piero sagen und zu Jean-Claude zurückkehren, um ihm ausgiebig die Augen pfeffrig zu sprayen.

Er brüllt wie am Spieß. Aber ich lasse ihn immerhin am Leben. Ich erwähnte ja schon, dass ich nur entsorge. Ich kille nicht.

In der Ferne höre ich ein Motorengeräusch.

»Man sieht sich«, sage ich zu Jean-Claude, der mich über sein Geschrei wahrscheinlich nicht hören kann, und ziehe mir schwungvoll mein rotes Reisekleid wieder in Position.

Im Grunde gehe ich aber nicht davon aus, ihn jemals wiederzusehen. Es ist ja nicht so, als ob wir einen »Entsorger-Stammtisch« mit regelmäßigen Kegelausflügen hätten.

»Huh, das war aufregend!«, sage ich, während das Cabrio wieder an Fahrt zulegt. Die Schweizer Landschaft saust an uns vorbei. Ich habe mich schon lange nicht mehr so lebendig gefühlt.

Piero scheint mir allerdings etwas bleich. Ich streiche ihm eine dunkle Locke aus der Stirn.

Was immer ich aber noch zu ihm sagen will, bleibt mir im Hals stecken, denn ein Schweizer Streifenwagen taucht im Rückspiegel auf und signalisiert, dass ich anhalten soll.

Verdammt!

Ich sammle mich. Selbst wenn man mich mit einem Fernrohr beobachtet haben sollte, was habe ich schon getan? Ich habe einen massigen Franzosen in die Zeugungsunfähigkeit getreten. So what? Ich werde behaupten, er hätte mich schon den ganzen Tag wie ein Stalker verfolgt und ich hätte einfach in einem angstinduzierten Aggressionsschub die Contenance verloren.

Ich lege den Deckel auf die Hutschachtel.

»Grüezi«, sagt der Beamte und tippt sich an die Stirn. »Sie wissen, dass Ihr Bremslicht hinten rechts beschädigt ist?«

»Was?«

Bin ich bei dem Kuh-Ausweich-Manöver doch gegen irgendetwas geprallt? Einen Fels? Einen Baum? Den Hinterlauf der Kuh?

»Äh ... nein, ich hatte keine Ahnung.«

»Möchten Sie es sich ansehen?«

Ich möchte nicht. Aber er insistiert.

Er wird mich doch hoffentlich nicht den Kofferraum öffnen lassen? Wie erkläre ich ihm Klappspaten und Kettensäge? Ich besehe mir den Schaden. Ja, ich bin definitiv irgendwo gegengeknallt.

»Ach herrje«, stöhne ich gespielt. »Das habe ich gar nicht mitbekommen. Ich lasse das natürlich sofort richten.«

Der Carabiniere – heißen die hier so? – empfiehlt mir überaus freundlich die Werkstatt seines Vertrauens in der nächsten Stadt und lässt mich weiterziehen. Er will nicht einmal meine Papiere sehen.

»Noch einen schönen Tag«, wünscht er mir in dieser reizenden Sprachmelodie der Bergbewohner. »Und fahren Sie nicht mehr gar so schnell, versprechen Sie mir das. Das hier ist nicht Le Mans.«

Ich schenke ihm mein breitestes Lächeln. »Versprochen!«

»Da haben wir aber noch mal Glück gehabt, was?«, sage ich zu Piero.

Ich sehe ihn liebevoll an. Bezüglich seiner näheren Zukunft muss ich mir aber allmählich konkrete Gedanken machen.

Ich habe ihn bei einem Herrn in Genf abgeholt. Ein reizender, sehr distinguierter, sehr alter Mann, der zeit seines Lebens Köpfe gesammelt hat. Ich meine das nicht im übertragenen Sinne. Er hat sich formschöne Schädel besorgt, in Leichenschauhäusern oder bei Bestattungs- unternehmen – Trauerfeiern mit geschlossenen Särgen sollten Sie immer misstrauisch machen! –, hat sie in Al- kohol eingelegt und in großen Glasbehältern im Keller seiner Genfer Villa gelagert. Aber nun fühlt er wohl sein Ende nahen und will die Köpfe entsorgt wissen, damit sich seine Erben nicht damit herumschlagen müssen. Ein für mich überaus lukrativer Großauftrag.

Piero ist der letzte. In meiner Hutschachtel habe ich ihn einmal quer durch die Schweiz kutschiert. Aber nun heißt es, Abschied zu nehmen.

Ich schaue in seine samtig braunen Augen und seufze.

Wie ich später aus der Zeitung erfahre, hat mein persönlicher Kantonspolizist – der wegen einer verkehrsgefährdenden Kuh verständigt worden war – kurz nach unserer Begegnung Jean-Claude und dessen fette Glock gefunden. Und weil Jean-Claude zudem eine Karte der Schweiz mit allen großen Güllegruben bei sich hatte, wurden Nachforschungen angestellt, und man entdeckte in diversen Jauchegruben noch die eine oder andere Hüftprothese, auch einen oder zwei Goldzähne, die man vermissten Toten zuordnen konnte. Jean-Claudes Karriere war beendet.

Am Abend dieses Tages komme ich an dem Schild *Hotel·Schloss Ragaz* vorbei, fasse spontan den Entschluss, mich dort einzuquartieren und einen Schlummer fördernden Gin Tonic oder auch zwei zu trinken, und was sehe ich, als ich in die Auffahrt zum Schloss einbiege? Einen Kopflosen! Will heißen, eine Steinskulptur ohne Schädel.

In dem Moment weiß ich noch nicht, dass ein durch Spaltenfrost verursachter Steinschlag die Statue im Winter zuvor enthauptet hatte und man den Kopf bald darauf wieder aufsetzen will. Ich sehe nur den kopflosen Steinkörper und weiß, das ist ein Zeichen des Schicksals. Hier werde ich Piero entsorgen.

Bevor ich einchecke, lächele ich Piero in der Hutschachtel noch einmal besonders wohlwollend zu. Was haben wir es schön gehabt. Irgendwie ist er mir ans Herz gewachsen. Nicht so sehr, dass ich ihn mitnehmen und in meinen eigenen Keller stellen will. Aber genug, um ihn in wohliger Erinnerung zu behalten, nachdem ich ihn irgendwann heute Nacht auf dem Hotelgelände verbuddelt habe.

Ciao, Piero. Es war schön mit dir!

Tatjana Kruse
© 2012 by Tatjana Kruse

Holdups

Detective Inspector Miller wünschte, er hätte die letzte Essigzwiebel nicht gegessen. Er spürte förmlich, wie sie seine Magenschleimhaut verätzte. Er warf einen Säureblocker ein und betrachtete die junge Frau, die ihm in blauer Bluse und Rock gegenübersaß. Eine unkomplizierte Zeugin, keine Polizeiakte, seit Jahren der gleiche Job, wohnte immer noch bei ihren Eltern. Und so würde es wohl immer bleiben. Sie würde sich vor Gericht als sehr nützlich erweisen.

»Verstehen Sie, worum es heute geht?«

»Oh, ja.«

Sie hatte die Hände im Schoß gefaltet, sah ihn offen und entschlossen an. Sie wirkte seltsam gefasst, angesichts dessen, was sie durchgemacht hatte.

»Und Sie haben keine Angst?«

»Nicht, wenn ich dafür sorgen kann, dass sie hinter Gittern bleiben, nein.«

Er sah sie ruhig an. »Okay. Bevor wir da reingehen, möchte ich kurz noch einmal Ihre Aussage mit Ihnen durchgehen. Sie hatten also gerade erst geöffnet ...«

Alice Herring saß auf dem Boden, ihr Rock war verrutscht, in ihrer Schulter pochte der Schmerz.

Hinter ihr wurde die Tür zugeschlagen, und das Geschrei aus dem Laden war nur noch gedämpft zu hören. Als sie aufsah, stand ein Mann vor ihr und hatte seine Pistole auf sie gerichtet.

Sie starrte ihn an. »Werden Sie mich jetzt erschießen?«

»Klappe halten.« Er war groß und schlank, sein Gesicht wurde von einem hellbraunen Seidenstrumpf verborgen. Sie erkannte einen leichten osteuropäischen Akzent.

»Sie müssen nicht gleich unhöflich werden. Ich habe nur gefragt.«

»Bitte. Machen Sie keine Dummheiten.«

> *»Sie haben sich eine Strumpfhose über den Kopf gezogen und zielen mit einer Pistole auf eine unbewaffnete Frau. Und da denken Sie, ich wäre diejenige, die Dummheiten macht?«*

Er fasste sich an den Kopf. »Das ist keine Strumpfhose. Das ist ein Strumpf.«

Sie zuckten beide zusammen, als nebenan mit lautem Krachen ein Möbelstück umgeworfen wurde. Ein unterdrückter Fluch.

»Oh. Na dann«, sagte sie, »das ändert natürlich alles.«

Der Morgen hatte angefangen wie jeder andere. Mr. Warburton hatte wie immer die Rollläden entriegelt, doch dann war er von drei maskierten Männern unterbrochen worden, die in den Juwelierladen stürmten und ihnen befahlen, sich auf den Boden zu setzen. »Wo ist der Safe? Mach den verdammten Safe auf!« Es war ein einziges Chaos aus Lärm und schnellen Bewegungen gewesen, und sie hatte alles nur noch durch einen Nebelschleier wahrgenommen.

Sie war aufgesprungen, um zu dem Notrufknopf zu hasten, doch der große Mann hatte sie am Handgelenk gepackt und ihr schmerzhaft den Arm auf den Rücken gedreht. Dann hatte er sie in die Knie gezwungen und durch die Tür in Mr. Warburtons Büro gestoßen. Noch im Fallen hatte sie eine diffuse Verärgerung erfasst, weil eigentlich Kuchentag gewesen war.

Freitags vormittags schlug Mr. Warburton immer einen Gang zur Bäckerei vor, und zwar in einem Ton, als wäre ihm das noch nie zuvor in den Sinn gekommen. Sie wussten, dass er es nicht gerne zugab, aber er hatte eine ziemliche Schwäche für Cremehörnchen.

Alice richtete sich auf, musterte ihren Geiselnehmer.

»Sie können die Waffe auch senken, wissen Sie. Ich werde Sie wohl kaum überwältigen.«

»Sie rühren sich nicht?«

»Ich rühre mich nicht. Sehen Sie. Hier bin ich. Sitze ganz still auf dem Boden.«

Er warf einen Blick zur Tür. Sein Ton war beinahe entschuldigend. »Es wird nicht lange dauern. Sie wollen einfach nur den Schlüssel zum Safe.«

»Sie brauchen die PIN-Nummer. Die werden sie von Mr. Warburton nicht bekommen.«

»Sie brauchen den Schlüssel. Das ist der Plan.«

»Tja, dann ist es kein besonders guter.«

Alice rieb sich die Schulter, während der Mann sie beobachtete. Er wirkte leicht überrascht davon, dass sie keine Angst zeigte – soweit sie seine Gefühle durch den Filter von 40 DEN überhaupt beurteilen konnte.

»Ich habe noch nie einen Raubüberfall aus der Nähe erlebt ... Sie sind ganz anders, als ich mir das vorgestellt habe.«

Er warf ihr einen Blick zu, ließ einen Fuß unruhig auf den Boden tappen. »Warum? Was haben Sie sich denn vorgestellt?«

»Ich weiß auch nicht. Obwohl es schwer ist, Sie richtig zu beurteilen, wenn Sie ... Sie wissen schon, dieses

Ding über dem Kopf haben. Ist Ihnen nicht unheimlich warm?«

Er zögerte. »Ein bisschen.«

»Sie haben Schweißflecken. Auf dem Oberteil.« Sie zeigt mit dem Finger darauf, und er senkte den Blick.

»Das ist das Adrenalin, schätze ich. Ich bin sicher, dass ein Haufen Adrenalin ausgeschüttet wird, wenn man beschließt, in einen Juwelierladen einzubrechen. Ich wette, Sie haben letzte Nacht nicht schlafen können. Ich weiß jedenfalls, dass ich es nicht gekonnt hätte.«

Während sie ihn ansah, begann er in dem Raum auf und ab zu laufen.

»Ich bin Alice«, sagte sie schließlich.

»Ich ... ich kann Ihnen meinen Namen nicht sagen.«

Sie zuckte mit den Schultern. »Mir begegnen hier nicht besonders viele Männer. Außer denen, die Geschenke für ihre Frauen kaufen. Oder Verlobungsringe. Nicht die beste Gelegenheit, um mit jemandem zu flirten.« Sie machte eine Pause. »Das können Sie mir glauben.«

Er blieb stehen und drehte sich zu ihr um. »Flirten Sie etwa ... mit mir?«

»Ich plaudere nur ein bisschen. Gibt ja hier sonst nicht viel zu tun, oder? Abgesehen von Rumstreiten, Brüllen und dem Zertrümmern der Büroeinrichtung.« Sie zuckten zusammen, als sie von nebenan erneut ein Krachen hörten. »Und um den Teil scheinen sich Ihre Freunde ja schon zu kümmern.«

Unsicher ließ er seinen Blick umherwandern. »Meinen Sie, ich sollte dieses Büro auch mal ein bisschen verwüsten?«

»Sie sollten vermutlich die Überwachungskamera abschalten. Ich stelle mir vor, das ist ziemlich wichtig für einen Einbrecher.«

Er sah auf.

»Sie hängt da drüben.« Sie zeigte auf die Überwachungskamera.

Er blieb stehen, hob seinen Baseballschläger, und mit einem energischen Hieb schlug er die kleine Box von der Wand herunter. Alice duckte sich weg, um nicht von den herumfliegenden Teilen getroffen zu werden. Sie zupfte einen winzigen Glassplitter von ihrem Ärmel.

»Ich hasse Überwachungskameras. Ich befürchte immer, Mr. Warburton könnte mich dabei beobachten, wie ich versehentlich meinen Rock in die Unterhose stecke.«

Alice starrte an der Wand hinauf, auf das Ölgemälde von dem heißblütigen spanischen Tänzer. »Wissen Sie was? Sie könnten dieses Bild da zertrümmern. Ich meine, ich würde es tun. Wenn ich eine Einbrecherin wäre.«

»Das ist ein scheußliches Gemälde.«

»Schlimmer geht's nicht.«

Sie erahnte sein Grinsen unter dem feinen Gewebe.

»Wollen Sie es machen?«

»Darf ich?«

Er hielt ihr den Schläger hin.

Sie senkte den Blick darauf, dann sah sie zu dem Mann auf.

»Sind Sie sicher, dass Sie mir den geben wollen?«

»Oh. Nein.« Er zog den Schläger zurück, dann hängte er das Bild ab. »Sie könnten mit dem Fuß ein Loch in die Leinwand treten, wenn Sie wollen. Hier.« Er warf das Bild vor sie auf den Boden.

Sie stand auf, wartete einen Moment und stampfte dann mit Begeisterung mehrmals auf das Bild ein. Sie trat zurück und grinste ihn an. »Das war seltsam befriedigend. Ich kann schon irgendwie nachvollziehen, warum Sie das machen.«

»Es war ein sehr hässliches Bild«, räumte er ein.

Alice setzte sich auf einen Stuhl, und sie schwiegen eine Weile, hörten zu, wie im Laden die Schubladen durchwühlt wurden.

Gedankenverloren verpasste sie der ruinierten Leinwand noch einen Tritt. »Und, machen Sie so etwas oft?«

»Was?«

»Juwelierläden ausrauben?«

Er zögerte, dann seufzte er. »Ist mein erstes Mal.«

»Oh ... ich glaube, ich war noch nie das erste Mal für jemanden. Wie ist es denn dazu gekommen, dass Sie ... hier gelandet sind?«

Er setzte sich ihr gegenüber, stellte den Baseballschläger zwischen seinen Knien ab. »Ich schulde Big Kev – dem großen Typen – Geld. Viel Geld. Ich hatte ein Unternehmen und bin pleitegegangen. Dumm, wie ich war, hab ich mir ausgerechnet von ihm was geliehen, und jetzt sagt er, das hier wäre die einzige Art, auf die ich es ihm zurückzahlen kann.«

»Wie viel Zinsen nimmt er?«

»Ich habe mir zweitausend geliehen, und jetzt, acht Monate später, sagt er, ich schulde ihm zehn.«

»Oh. Das ist ein sehr ungünstiger Zinssatz. Da wären Sie mit einer Kreditkarte besser weggekommen. Bei meiner sind es sechzehn Prozent Jahreszins. Solange man nicht jeden Monat einfach nur die Zinsen abbezahlt. Sie können sich nicht vorstellen, wie viele Leute Probleme bekommen, weil sie genau das machen. Hier – bei meiner kann man Punkte sammeln. Sehen Sie mal.«

Als sie die Karte aus der Tasche zog, wurden sie von erneutem Krachen und Fluchen unterbrochen. Unruhig sah er zur Tür.

»Wenn das die Schaukästen sind, die sind aus bruchsicherem Glas«, bemerkte Alice. »Und Sie sollten keine

Zeit mit dem Schmuck in der Auslage des kleineren Schaufensters verschwenden. Das sind fast alles Cubic Zirkonia. Wir nennen es das Low-Budget-Sortiment.«

»Low Budget?«

»Natürlich nicht vor den Kunden. Mein Verlobter hat mir so einen gekauft. Ich war unheimlich stolz, bis Mr. Warburton vor allen verkündete, dass der Diamant bloß ein Imitat ist. Seitdem befürchte ich immer, für eine Frau gehalten zu werden, die nur einen Cubic Zirkonia wert ist.«

Er schüttelte den Kopf. »Das ist ja furchtbar. Sind Sie noch mit diesem Mann zusammen?«

»Oh, nein«, schnaubte sie. »Mir ist ziemlich schnell klar geworden, dass ich keinen Mann heiraten kann, der nicht ein einziges Bücherregal besitzt.«

»Kein Bücherregal?«

»Nicht einmal auf seinem Klo für die *Reader's Digest*.«

»Viele Leute in diesem Land lesen keine Bücher.«

»Er hatte *kein einziges* Buch. Nicht mal ein True-Crime-Buch. Oder einen Jeffrey Archer. Ich meine, welche Schlüsse kann man daraus auf den Charakter ziehen?

Ich hätte es von vornherein wissen müssen. Er hat sich mit einer Frau aus dem Ein-Euro-Shop abgesetzt, die einhundertvierunddreißig Schmollmund-Fotos von sich auf Instagram gestellt hat. Ich habe sie gezählt. Ich meine – wer stellt einhundertvierunddreißig Bilder von sich selbst ins Internet? Und zieht auf allen eine Entenschnute?«

»Entenschnute?«

»Sie wissen schon. Dieser Schmollmund, den sie machen. Weil sie denken, sie sehen damit sexy aus.« Sie zog eine übertriebene Schnute, und er unterdrückte ein Lachen. »Seltsamerweise vermisse ich ihn überhaupt nicht. Aber was mich manchmal ein bisschen traurig macht, ist der Gedanke, dass ...«

»Sch!« Das Geschrei war plötzlich lauter geworden. Der Mann mit dem Strumpf gab ihr ein Zeichen, dass sie still sein sollte, und steckte seinen Kopf zur Tür hinaus. Sie hörte murmelnde, gehetzte Stimmen.

Er wandte sich wieder ihr zu. »Sie wollen die PIN-Nummer zu dem Schlüsselschrank. Das ist der Plan.«

»Ich habe es Ihnen doch gesagt. Mr. Warburton ist der Einzige, der die PIN kennt.«

Erneut beugte er sich nach draußen, und sie hörte gedämpfte Stimmen. Er drehte sich zu ihr um.

»Big Kev sagt, ich soll Sie ... misshandeln. Damit Ihr Chef ihm diese Nummer gibt.«

»Oh, das wird ihn nicht kümmern. Er kann mich nicht besonders gut leiden. Er sagt, ich erinnere ihn an seine Ex-Frau. Ihr hättet Clare nehmen sollen. Die arbeitet dienstags. Er hat eindeutig was für sie übrig. Er schenkt ihr Kekse, wenn er denkt, niemand kriegt es mit.« Sie hielt inne. »Sie wird total enttäuscht sein, dass sie das hier verpasst hat. Sie liebt Dramen jeder Art.«

Er schloss die Tür und senkte die Stimme. »Würden Sie mal schreien? Damit es klingt, als würde ich Ihnen wehtun? Vielleicht passiert dann was.«

Sie zuckte mit den Schultern. »Wenn das was nützt. Aber ich glaube ehrlich nicht, dass die Vorstellung, ich wäre in Gefahr, Mr. Warburton beunruhigen wird.«

»Wirklich? Versuchen Sie es.«

Alice atmete tief ein, den Blick auf ihn gerichtet. *»Hilfe! Au! Sie tun mir weh!«*

Er schüttelte missbilligend den Kopf. »Nein. So wird das nichts.«

»Na ja, ich habe ja schließlich auch keine Übung darin. Ich war noch nie eine gute Schauspielerin.

Bei der Schulaufführung war ich immer
Dritter Baum von links. Oder
Bühnenbild gemalt von.«

»Sie müssen ... atemlos klingen. Verängstigt.« Er nahm einen Stuhl, schleuderte ihn durch den Raum und hob überrascht die Augenbrauen, als der Stuhl an die Wand krachte.

»Aber ich bin nicht verängstigt«, zischte sie. »Ich meine, Sie sind wirklich Respekt einflößend. Aber ...«

»Aber?«

»Ich habe einfach das Gefühl, dass Sie mir nicht wehtun werden.«

Das schien ihm Sorgen zu machen. »Sie kennen mich überhaupt nicht.« Er trat einen Schritt näher, sodass er bedrohlich vor ihr aufragte. »Ich könnte Ihnen wehtun. Wirklich.« Und damit nahm er seinen Baseballschläger und zerschmetterte die Kaffeemaschine. Kalte, braune Flüssigkeit und Glasscherben regneten auf den Teppich.

Sie sah darauf hinab. »Sie kommen jetzt langsam richtig in Schwung, oder?«

»Hast du Angst ... Alice?«

»Ich ... natürlich ...«

Er kam noch einen Schritt näher, den Baseballschläger starr in der Hand. Sie sahen sich tief in die Augen.

Dann ließ er den Schläger fallen, und sie küssten sich hastig.

»Dir«, sagte er leise, »entspricht ganz bestimmt etwas anderes als ein Billig-Cubic-Zirkonia.«

»Ich habe noch nie jemanden durch einen Strumpf geküsst«, sagte sie.

»Ist schon ein bisschen komisch.«

»Das kann man wohl sagen. Wie wäre es, wenn ich ihn hier einfach mal ... ein bisschen aufreiße ... damit sich unsere Lippen berühren können ...« Mit ihren Fingernägeln riss sie ein kleines Loch in den Strumpf.

Als sie sich dieses Mal wieder voneinander lösten, betastete er seine Nase. Das Loch war zu einer riesigen Laufmasche geworden, die sich über sein ganzes Gesicht ausgebreitet hatte, sodass nur noch seine Augen verborgen waren.

»Mist. Was mache ich jetzt?«

»Hier«, sagte sie und zog ihren Rock hoch. »Du kannst einen von meinen haben.«

Er stand wie erstarrt da, während sie den Seidenstrumpf von ihrem Bein abrollte. »Es ist schön, dein Gesicht zu sehen«, sagte sie und hob den Blick zu ihm. »Du siehst ... fantastisch aus ... ähm ...«

»Tomasz. Ich heiße Tomasz. Du bist auch sehr hübsch.«

Ihre Stimme war leise, sanft. »Ich ziehe ihn dir übers Gesicht. Wenn du möchtest.«

Sie küssten sich noch einmal, und als sie sich voneinander gelöst hatten, zog sie ihm zärtlich den Strumpf über den Kopf.

»Ich kann nichts sehen«, sagte er, als sie einen Schritt zurücktrat.

»Oh, schon klar … das sind 100 DEN. Pass auf, ich ziehe ihn einfach hier ein bisschen fester zusammen … Dann kannst du vielleicht …« Sie ging um ihn herum.

»Was machst du da?«

»Es tut mir sehr leid.«

»Was?«

»Das.« Mit einem dumpfen Geräusch ließ sie den Baseballschläger auf seinem Kopf landen.

»Also«, sagte Detective Inspector Miller, als sie durch den Flur gingen. »Sind Sie bereit für die Gegenüberstellung?«

»Oh, ja, ich bin bereit.«

»Miss Herring. Erkennen Sie die Männer, die Warburton's Jewellers überfallen haben?«

Sie musterte die Reihe der Männer, die sich hinter dem Glas aufgestellt hatten, und tippte sich mit dem Zeigefinger an die Unterlippe. Dann drehte sie sich zu dem Detective um. »Es tut mir leid – es ist schwer zu sagen, ohne ihre Strümpfe.«

»Strümpfe?«

»Über ihren Gesichtern. Ohne die Strümpfe bin ich neunundneunzigprozentig sicher, aber wenn ich sie mit Strümpfen sehen würde, wüsste ich es eindeutig.«

Strümpfe wurden organisiert. Das Ganze schien sie zu amüsieren.

»Nummer eins – ganz sicher«, sagte sie. »Er hatte die Pistole. Und Nummer drei, der mit den Ohren. Er war derjenige, der Mr. Warburton geschlagen hat.«

Inspector Miller trat einen Schritt näher zu ihr. »Sonst noch jemand?«

Sie spähte durch das Glas. »Mmm. Nein.«

Zwei der Polizisten wechselten einen Blick. Inspector Miller sah sie an. »Sind Sie ganz sicher? Ihr Chef scheint zu denken, dass es drei Männer waren.«

»Oh, nein, es waren definitiv zwei. Der einzige andere Mann im Laden war ein Kunde, wie ich schon gesagt habe. Er wollte sich Verlobungsringe ansehen, glaube ich. Netter Typ. Ausländischer Akzent.«

Millers Gastritis machte sich wieder bemerkbar.

»Mr. Warburton hat darauf beharrt. Drei Männer, hat er gesagt.«

Sie senkte die Stimme. »Aber er hat auch einen ziemlichen Schlag auf den Kopf abbekommen, oder? Und unter uns – er sieht unheimlich schlecht. Das kommt vom jahrelangen Starren auf Edelsteine.« Sie lächelte. »Kann ich jetzt gehen?«

Miller starrte sie an. Er seufzte. »Ist gut. Wir bleiben in Verbindung.«

»Bist du fertig?«

Er hatte seine langen Beine übereinandergeschlagen. Nun aber stand er lächelnd von der Parkbank auf. »Du siehst hübsch aus, Alice.«

Sie hob eine Hand an ihr Haar. »Ich wurde gerade für die Lokalzeitung fotografiert. Ich bin anscheinend so was wie eine lokale Heldin. ›Junge Frau verhindert Raub. Rettet einen Kunden‹.«

»Mich hast du ganz bestimmt gerettet.«

Sie fuhr mit dem Finger über die Beule auf seinem Scheitel. »Was macht der Kopf?«

»Tut nicht besonders weh.« Tomasz nahm ihre Finger und küsste sie. »Wohin gehen wir?«

»Ich weiß nicht. In die Leihbücherei?«

»Oh, ja. Du musst mir diese True-Crime-Bücher zeigen. Und dann kaufe ich dir ein … Cremehörnchen?«

»Also das«, sagte Alice Herring und hängte sich bei ihm ein, »klingt mal nach einem sehr guten Plan.«

Jojo Moyes

Quellenverzeichnis

Katrin Bauerfeind, Wie ein Sprung vom Zehnmeterbrett oder Ich kann nicht Nein sagen, aus: Mir fehlt ein Tag zwischen Sonntag und Montag. Geschichten vom schönen Scheitern © 2015 S. Fischer Verlag GmbH, Frankfurt am Main

Sibylle Berg, Ist es eigentlich noch cool, in die Provence zu reisen?, aus: Wie halte ich das alles nur aus? Fragen Sie Frau Sibylle © 2013 Carl Hanser Verlag GmbH & Co. KG, München

Monika Bittl, Ich bin heiß – in Wellen, aus: Ich hatte mich jünger in Erinnerung © 2016 Knaur, München

Monika Bittl, Meine erste Lesebrille, aus: Ich hatte mich jünger in Erinnerung © 2016 Knaur, München

Amelie Fried, Schildkröten und Sektflaschen, aus: Verborgene Laster © 2003 Wilhelm Heyne Verlag, München, in der Verlagsgruppe Random House GmbH

Dora Heldt, Statt Muskeln kleine Knubbel, aus: Jetzt mal unter uns … Das Geheimnis schwarzer Strickjacken und andere ganz wichtige Erkenntnisse, 2014, dtv Verlag, München, 52–59, mit freundlicher Genehmigung von dtv Verlagsgesellschaft mbH & Co. KG

Marian Keyes, Wie man sich von seinem Friseur trennt, aus: Bin nur schnell Schuhe kaufen … … komme wieder, wenn das Wichtige vorbei ist © 2017 Wilhelm Heyne Verlag, München, in der Verlagsgruppe Random House GmbH, Übersetzung: Susanne Höbel

Tatjana Kruse, Ausfahrt mit Piero, aus: Junger Mann zum Mitreisen gesucht, Anne Hertz & Friends © bei der Autorin, Knaur, München

Jojo Moyes, Holdups, aus: Kleine Fluchten: Geschichten vom Hoffen und Wünschen, in der Übersetzung von Karolina Fell © 2017 Rowohlt Verlag GmbH, Hamburg

Margarete Stokowski, Wrumm, Wrumm, Wrrrummm, aus: Die letzten Tage des Patriarchats © 2018 Rowohlt Verlag GmbH, Hamburg

Elena Uhlig, Frau Uhlig muss packen, aus: Qualle vor Malle. Urlaub mit Familie, Chaos inclusive © bei der Autorin, Knaur, München

Ildikó von Kürthy, Wenn Träume wahr werden, aus: Problemzonen. Über das Leben, die Sehnsucht und die Liebe danach. Die besten Texte © 2018 Rowohlt Verlag GmbH, Hamburg

Ronja von Rönne, Man trägt sich jetzt selbst, aus: Heute ist leider schlecht. Beschwerden an das Leben © 2017 S. Fischer Verlag GmbH, Frankfurt am Main